Söll
Going
St. Johann
Kundl
Kitzbühel
Rattenberg
Unterinntal
Rotholz
Schwaz
Pill
Paß Thurm
Felbertauern
Matrei
OSTTIROL
LIENZ
Pustertal
BRUNECK
St. Martin in Gsies
Mühlbach
St. Lorenzen
Welsberg
Toblach
Innichen
Niederdorf
Sillian
Strassen
Abfaltersbach
Mittewald
Pustertal
n. Villach
KÄRNTEN
BRIXEN
Gadertal
Klausen
St. Christina
Grödner Joch
Kolfuschg
Corvara
FRIAUL
BELLUNO
N
S
Matthias

HISTORISCHE ·GASTSTÄTTEN IN TIROL

NORD·,OST· UND SÜDTIROL

1978

Fotolithos: O. Longo, Frangart
Gesamtherstellung: ATHESIADRUCK, Bozen

ISBN 88-7014-052-0

Umschlagbild: Wandmalerei beim Hirschenwirt in Sarnthein

HERMANN FRASS · FRANZ H. RIEDL

HISTORISCHE GASTSTÄTTEN IN TIROL

NORD-, OST- UND SÜDTIROL

Zweite, überarbeitete Auflage

VERLAGSANSTALT ATHESIA - BOZEN

Römische Postkutsche (antikes Relief)

Von einstigen Tavernen, Hospizen und Herbergen

Wann das erste Gasthaus in Tirol entstanden ist, wurde bisher noch nicht erkundet, aber der römische oder einheimische Reisende, der in einer Postkutsche gefahren ist, wie sie Reliefs zeigen, die in der Südwand der Peter- und Paulkirche in Lavant in Osttirol eingemauert oder in Maria Saal in Kärnten zu sehen sind; und auch Venantius Fortunatus, der um 560 auf dem Brennerweg und durch das Pustertal von Augsburg nach Aquileja reiste, wird gastliche Tavernen als Bleibe gefunden haben. Die im Mittelalter über den Brenner und Reschen erfolgenden zahlreichen Kaiserzüge haben auch Stätten zur Einkehr und Unterkunft für Pferde erfordert.

Bald lesen wir in Urkunden und Aufzeichnungen von Herbergen in Klöstern, an Straßen, in Städten und von der Entstehung von Hospizen. Seit dem 13. Jahrhundert entwickeln sich dann Gasthöfe in unserem Sinn. Freilich, bis der Aufenthalt in Gasthöfen und das Reisen zum Vergnügen wurde, wie in unserer Zeit, dauerte es noch. Lange war das Reisen beschwerlich und es unternahm eine Reise nur, wer dies tun mußte, das waren vor allem Kaufleute, Klosterboten, Pilger und Soldaten; erst mit der Renaissance wurden Bildungs- und Kavaliersreisen üblich und im 19. Jahrhundert beginnt das richtige Reisezeitalter. Doch hat schon Heinrich von Kleist (1777—1811) gemeint: »Nur das Reisen ist Leben, wie umgekehrt das Leben Reisen ist«, und Hermann Keyserling (1880—1946): »Der kürzeste Weg zu sich selbst führt um die Welt herum«.

Tirol, das um die Pässe im Herzen der Alpen zusammengewachsene Land mit seinen verhältnismäßig leicht übersteigbaren Übergängen, mußte aus Naturgegebenheit zu einem Land der Gastlichkeit werden. Tatsächlich entwickelten sich aus der Gastfreundschaft, welche in den Bauernhäusern und Bürgerhäusern dem Fremden gewährt wurde, mit den steigenden Bedürfnissen Gastgewerbe und Gastwirtschaft. Im Laufe des Mittelalters und der frühen Neuzeit entstanden zahlreiche Gasthöfe, die noch heute bestehen.

Es war am 26. Oktober 1580, als in das »Journal du voyage de Michel de Montaigne en Italie par la Suisse et l'Alemagne«, nachdem der Weg bereits von Scharnitz ins Inntal nach Innsbruck und über den Brenner und Sterzing geführt hatte, in Brixen »wir wohnten sehr gut im Adler« eingetragen wurde: »Der Herr von Montaigne sagte, sein ganzes Leben lang habe er dem Urteil anderer mißtraut, wenn die Rede auf die Annehmlichkeiten fremder Gegenden gekommen sei; denn jeder urteile nur nach dem Maßstab eigener Gewohnheit und verstehe nicht, über den Kirchturm seines Ortes hinauszublicken ... Aber hier wunderte er sich noch viel mehr ..., da ihm gerade für diese Reise gesagt worden war, der Übergang über die Alpen sei hier überaus schwierig, die Landessitten seltsam, die Unterkunftsverhältnisse barbarisch und das Klima unerträglich ... Auf der ganzen Reise hatten wir nicht mehr als drei kalte Tage und ungefähr eine Stunde Regen gehabt. Und was die Gasthäuser betrifft, so

müsse er sagen, er habe nie eine Gegend gefunden, in der sie so dicht gesät und so schön und gut waren; immer waren in allen Städten, in denen er logiert hatte, die Gaststätten mit Lebensmitteln und Getränken reichlich versehen und billiger als anderswo.«
Der vielgereiste August von Kotzebue schrieb 1805 in seinem Buch »Bemerkungen auf einer Reise von Liefland nach Rom und Neapel«: Für Leute, die sich's gern bequem machen, gern gut essen und trinken, gewinnt die Reise durch Tyrol neue Reize: denn ich wüßte kein Land, wo ich, auch in dieser Hinsicht, lieber reisen möchte. In jedem Dorf findest du mehrere gute, oft elegante, immer sehr reinliche Zimmer, mit weißen bequemen Betten versehen. Eine Stunde, oft auch nur eine halbe nach deiner Ankunft, wird dir ein Mahl aufgetischt, bestehend aus Fleischsuppe, Fisch, Wildbraten, delicater Mehlspeise, zum Dessert Confect und Früchte. Alles ist trefflich zubereitet. Dann trinkst du einen recht angenehmen Landwein, der deinen Gaumen befriedigen wird... Schnelle und freundliche Bedienung würzt das Mahl, und am Ende ist die Zeche so mäßig, daß auch der Beutel weit länger gefüllt bleibt als in der Schweiz... Ein herrliches Land, zauberische Ansichten, wohl unterhaltene Chausseen, gute Pferde, willige Posthalter, höfliche Postillions, bequemes Nachtlager, leckere Speisen, guter Wein, freundliche Bedienung, wohlfeile Zeche. Ohne Bedenken darf ich selbst schwächlichen Damen den Rath geben, sich im nächsten Sommer Gesundheit und Heiterkeit in den Tyroler Gebürgen zu holen.«
Vor einem Jahrhundert, am Beginn unseres Reisezeitalters, schrieb 1875 der Bayer Ludwig Steub: »Gute Menschen lieben gute Wirtshäuser... Die alten, großen, drei- bis vierhundertjährigen Gasthäuser in Tirol verblüffen zwar oft durch die naive Ungeschicklichkeit ihrer Bauanlage, aber eine historische Seele findet auch in diesen oft so interessanten Verirrungen des menschlichen Geistes einen gewissen Reiz und gewöhnt sich leicht an die Unbequemlichkeiten, die daraus entspringen. Die Gemächer sind überall mit guten Betten, oft sogar mit Luxus ausgestattet. In der ganzen Wirtschaft lebt der alte, treue, deutsche Tiroler Sinn, den Gott noch lange erhalten möge.«
Auch der Engländer G. C. Churchill, einer der Erschließer der Dolomiten, lobte 1856 nicht weniger die Gastlichkeit in Tirol: »Freundliche Tiroler Gasthäuser, mit geräumigen, kühlen und sauberen Zimmern warten auf den Reisenden. Mit altbekannter Herzlichkeit wird man empfangen. Im ersten Stock, auf dem geräumigen Treppenabsatz, von dem die Schlafzimmer abgehen, wird für vornehme Gäste der Tisch gedeckt. Auf den Holzbalkonen stehen Blumen in Holzkistchen, ein hübscher Anblick. Beim Abschied überreicht die Wirtstochter einen Blumenstrauß — ist das nicht eine liebenswürdige Art, die Rechnung zu versüßen? Was hier mit Kreide auf den Tisch geschrieben wird, kann man eigentlich gar nicht als Rechnung bezeichnen. Die Beträge sind so klein, daß man von der Tugendhaftigkeit und Ehrlichkeit der Wirtsleute überzeugt ist. Auf Reisende, die über Nacht bleiben, warten überall komfortable, saubere Zimmer, sogar an den entlegensten Orten. Die Möbel sind aus Nußholz, an den Wänden

hängen hübsche gerahmte Bilder, über die Betten sind rote Decken gebreitet. Wie lange wird es noch diese netten, einfachen Tiroler Landgasthöfe geben?«
Solche, aus zahlreichen Urteilen von Reisenden ausgewählte Stellen über Gasthöfe und Gastwirte in Tirol regten an zu einer Veröffentlichung über historische Gaststätten in Tirol. Denn die früher gerühmte Gastlichkeit wird auch heute von den Tiroler Wirten in ebenso vortrefflicher Weise gepflegt wie einst. Es hat sich die Gastkultur weiter entwickelt, es gibt in allen Teilen Tirols zahlreiche Gastbetriebe, die auf eine lange Tradition zurückblicken können, mit Liebe den alten Baucharakter und Tiroler Gastkultur pflegen und bei den Gästen heute ebenso angesehen sind wegen ihrer Qualität und Gediegenheit wie schon in früheren Jahrhunderten. Hat 1580 Michel de Montaigne festgehalten, daß er selten eine Gegend mit so vielen guten und schönen Gaststätten gefunden hat wie in Tirol, so gibt es heute deren noch mehr, von denen viele auf eine lange Bestandszeit zurückblicken. Daher ist es in dieser Veröffentlichung nur möglich, einen Bruchteil der so zahlreichen historischen Tiroler Gaststätten zu erwähnen. Entlang den vier Hauptwegen durch Tirol, an der Brennerstraße, am Oberen Weg über Fern- und Reschenpaß, an der Straße vom Arlberg durchs Inntal, und schließlich durch das Pustertal, werden beispielhaft verschiedene traditionsbewußte Gaststätten vorgestellt und zugleich wird der Leser eingeladen, an diesen Hauptwegen durch Tirol und an den Abzweigungen davon, selbst sich umzusehen und weitere bewährte, alte und ihnen nicht nachstehende neuere Gaststätten zu entdecken und in ihnen Einkehr zu halten. Es gibt, wie schon Montaigne feststellte, tatsächlich kaum eine Gegend mit so vielen, und wir dürfen vierhundert Jahre später ergänzen, mit so vielen historischen Gaststätten.

Historische Gaststätten in Tirol findet man nicht an den Autobahnen und Schnellstraßen, sondern an den historischen Straßenzügen und seit Urzeiten benützten Alpenübergängen; man muß herunter von den umfahrenden Schnellstraßen und hinein in die Ortschaften, herunter von den modernen und begradigten Fernstraßen und in Seitenstraßen einbiegen. Die eiligen Reisenden werden die über Jahrhunderte ihre Eigentümlichkeiten und ihren Ruf bewahrenden Gaststätten, mit ihren von Generationen und Epochen geprägten Räumen und Einrichtungen ansonst übersehen. Man muß mit Muße reisen, eingedenk sein eines Tagebuchsatzes von Leonardo da Vinci: »Was bewegt dich, Mensch, deine Behausung in der Stadt zu verlassen, dich von Verwandten und Freunden zu trennen und durch Berg und Tal in ländliche Orte zu gehen, wenn es nicht die natürliche Schönheit der Welt ist, die du, bedenkst du es richtig, nur mit dem Sinne des Auges genießen kannst.«
Sind die Straßen und Wege Werkzeuge im Dienste des Menschen und erschließen sie ihm Güter und Schönheit der Welt, so sind die Gaststätten Brennpunkte des Gemeinschaftslebens und ein Spiegelbild kultureller und wirtschaftlicher Entwicklung, auch von Aufstieg und zuweilen Verfall. Ursprünglich war der Fremde rechtlos und

friedlos; aus dem römischen Wort hostis mit dem Sinn Feind wurde erst allmählich der deutsche Begriff Gast. Ehe es gastliche Stätten gab, mußte man die Gastlichkeit der Natur nützen oder um Gastfreundschaft bitten. Schon Tacitus berichtet von der Gastlichkeit der Germanen. Als die Römer um Christi Geburt die durch das heutige Tirol führenden Straßen — die Etsch aufwärts die Via Claudia, den heutigen Oberen Weg bis Augsburg, eine andere von Aquileja durch das Pustertal, über den Brenner und das Inntal zum Donauland, und auch andere Wege in Rätien und Noricum — ausbauten, entstanden an ihnen wohl Einkehrherbergen und Schankstätten, jedoch in Tirol sind nur Namen von Zollstätten überliefert. Für die Römer war Tirol nur ein Durchzugsland zwischen den altrömischen und neuen germanischen Provinzen, doch waren mit den verschiedenen mansiones, den Zollstätten, sicher auch tavernae und cauponae, Rast- und Kaufhäuser verbunden, nicht nur Pferdewechselstationen und Zahlstellen.

Brenner- und Reschenstraße wurden um 200 n. Chr. als Heerstraßen ausgebaut, dann zogen in der Völkerwanderung Germanen darüber, erfolgte im 6. Jahrhundert der Einzug der Bajuwaren und fertigte Herzog Tassilo 769 in Bozen die Gründungsurkunde von Innichen im Pustertal, wo sicher bald auch ein Hospiz bestand. Zur privaten Gastfreundschaft war mit dem Christentum das kirchliche Liebesgebot getreten, der Gast sollte wie Christus aufgenommen werden; dies steht in den Ordensregeln, dies entspricht der Caritas. So kam es zur Einrichtung von Hospizen und Armenherbergen. Es war für Bauern und Adelige leichter, Fremde aufzunehmen, als für Städter mit ihrem begrenzten Wohnraum, so daß zunächst in Städten Hospitalstiftungen und auch Gaststätten entstanden. Doch sind vor 1200 n. Chr. kaum Nachrichten darüber vorhanden. Da schufen die Kaiser ihre Pfalzen, sie und der Adel kehrten in Burgen und Klöstern ein. Es gab Gastrecht auf Gegenseitigkeit in engeren Kreisen, ritterliches Einlager, Gastfreundschaft allüberall, aber es gab gewiß auch Gasthäuser, denn schon Ende des 8. Jahrhunderts verbieten Konzilien und Synoden der Geistlichkeit den Besuch von Tavernen.

Hospize wurden vor allem an unwirtlichen Gebirgspässen und in einsamen Gegenden errichtet, wo es keine andere Möglichkeit des Unterkommens für Reisende und Pilger gab; aber auch bei Klöstern und in Städten. Die erste genaue urkundliche Nachricht stammt von der Gründung des Hospizes zu St. Valentin auf der Malser Haide durch Ulrich Primele aus Burgeis am 16. Oktober 1140. Es erhielt Statuten in rätoromanischer Sprache und darin war der Vorsteher verpflichtet, an jedem Abend bei stürmischem Wetter Laternen, Stangen, Wein und Brot mit sich zu führen und hinauszugehen und zu rufen, ob Unglückliche der Hilfe bedürften. Schon 1188 ist ein Priester beim Hospiz St. Florian erwähnt, dessen Überrest das heute »Klösterle« genannte Gebäude unter dem Geröllsturz des Hornbergs bei St. Florian ist. Es war zur Pflege und Herberge der Reisenden im hier oft überschwemmten Etschtal bestimmt. 1204 nächtigte hier Bischof Wolfger von Ellenbrechtskirchen, 1310 wurde es dem Chorherrenstift St. Michael an der Etsch übergeben. Bereits im 12. Jahrhundert wurde südlich vom Fel-

bertauern das heutige »Matreier Tauernhaus« als Hospiz errichtet und der Tauernwirt mußte Schneestangen aufrichten und Wegmarkierungen anbringen, bei Nebel und Schneetreiben mit Glocken und Nebelhörnern die Wegstrecke abgehen. Erinnerung an das mit dem 1142 gegründeten Augustinerchorherrenkloster Neustift bei Brixen eingerichtete Hospiz ist die eigenartige St.-Michaels-Kapelle oder Engelsburg. 1184 nahm Papst Lucius III. den Rektor und die Brüder des Hospizes Unsere Liebe Frau im Walde am Gampenpaß in seinen Schutz. Das gegenwärtige Gasthaus zum »Hirschen« soll das Hospiz gewesen sein. In Zell am Ziller stiftete 1189 Sibito von Surberg ein Hospiz vor dem Pfitscher Joch und der Gerlosplatte.
Im 13. Jahrhundert entstehen dann durch den Deutschen Ritterorden 1202 das Hospiz St. Johann in Bozen, bald erhält er das in Lengmoos »specialiter ad refectionem pauperum per stratam de Ritten transeuntem« (besonders zur Erholung der über die Rittner Straße wandernden Armen), 1215 St. Karpophorus in Tarsch, 1235 in Schlanders und 1254 in Sterzing, das 1241 von Hugo von Taufers und seiner Frau gegründet worden war, »ut pauperes et peregrini ibidem recipiendi habeant copiam ignis et palam sufficientem ad repensationem corporum suorum« (»damit die Armen und Pilger eine Unterkunft finden und sich wärmen und stärken können zur Erholung ihrer müden

Hospizkapelle St. Michael (später auch Engelsburg genannt) und Hospiz beim Kloster Neustift bei Brixen. Hier fanden schon im 12. Jahrhundert Fremde und arme Pilger Unterkunft und Labsal. Heute kehren die Gäste im Klosterkeller ein.

Körper«). In diesem 13. Jahrhundert werden weitere Hospize errichtet am Seefelder Sattel, erhalten die Johanniter St. Medard in Tarsch 1218 und St. Johann in Taufers im Münstertal, wird um 1300 Herberge und Hospiz vor dem Jaufenpaß errichtet mit dem Recht des Weinausschanks und der Verpflichtung des Jaufners, bei Schnee und einfallendem Schlechtwetter die Strecke nach Ermatteten abzusuchen, diese zu bergen und zu beherbergen, wofür er Zollfreiheit genoß. Diese Auflage erhielt auch der Wirt des um 1700 in Leiteben errichteten »Jaufenhauses«. 1386 stiftete Heinrich Findelkind von Kempten das Hospiz St. Cristoph am Arlberg.
Noch im 15. Jahrhundert errichteten in Matrei am Brenner 1447 Hans Genther und seine Frau Agnes ein Hospiz »zum Frommen der elenden Leute und Pilger« und der Salzburger Erzbischof 1437 auf dem Krimmler Tauern, über den bereits 1014 Kaiser Heinrich II., 1027 Konrad II., 1340 Karl IV. und 1365 Rudolf IV. der Stifter gezogen waren, ein Herbergshaus. Wie unangenehm damals das Reisen war, zeigt ein Holzstich: Papst Johannes XXIII., der übrigens auf dem Weg nach Konstanz 1414 in Latsch im »Weißen Rößl« nächtigte, während die Schweizer Garde im »Hirschen« untergebracht war, fällt auf dem Arlberg aus dem Wagen. Wir wissen von rund 30 Hospizen, die in diesen Jahrhunderten in Tirol zur Aufnahme von Reisenden und Pilgern bestanden.
Entstanden die Hospize und manche Herbergen aus geistlicher Verpflichtung und in caritativer Absicht, so kam es allmählich in Umformung dieser und öffentlicher Tavernen zur Ausbildung des Gastgebens oder Wirtens gegen Geld. Das Wort Herberge leitet sich vom Heerlager her, in der Herberge konnten größere Scharen von Reisenden aufgenommen werden. Das Wort Gasthaus, Gasthof, Gaststätte ist von individuellerem Charakter. Steckt in der Beziehung von Wirt und Gast stets die alte Gastfreundschaft, so tritt der Wirt als Herr des Hauses, als Hauswirt, als Gastwirt auf und übt Gastwirtschaft aus, die gegen Barbezahlung Leistung erbringt und ein Gewerbe ist. Sind die Nachrichten zunächst auch mehr als spärlich, so kann man die Entstehung der Gasthäuser im heutigen Sinn in Tirol doch bis ins 13. Jahrhundert zurückdatieren, ja auf Grund mancher Privilegien in Form von Markt- und Schankgerechtigkeiten bis ins 12. Jahrhundert.
Jedenfalls erkennt man aus dem frühen 13. Jahrhundert durch die Aufzeichnungen des Albert von Stade, daß es unterwegs schon gute und billige Gasthöfe gab. Jedoch nicht überall, denn »sed per Pusterdal carissima sunt tempora et mala hospitia« (durch das Pustertal sind die Zeiten teuer und die Gasthäuser schlecht). Dagegen war es an der Brennerstraße nach den Reisenotizen des späteren Patriarchen von Aquileja, des Passauer Bischofs Wolfger von Ellenbrechtskirchen, 1204 besser bestellt; da sind nicht nur Ausgaben für Brot, Hühner, Wein, Nachtlager verzeichnet, sondern auch für im Gasthaus verabreichte medizinische Mittel: »Sabbato aput Gozzensaz pro laxiva II solidi veronesi« (Samstag in Gossensaß für Abführmittel zwei Veroneser Kreuzer), es wurde auch für die Wäsche gesorgt: »aput Brixiam Lotrici XXV denari veronesi« (in Brixen für die Wäscherinnen 25 Veroneser Denare).

An wichtigen Straßen und Übergängen wurden früh Zollstellen errichtet. Eine Hauptzollstelle war Lueg am Brenner (oben). Nächste Seiten: Der Paßübergang Arlberg mit dem Hospiz St. Christoph (nach einem zeitgenössischen Stich).

Neben den Hospizen und Gasthäusern richteten auch Pfarrherren Herbergen nach Muster der Hospize besonders in abgelegenen Tälern ein und hielten, wie schon von Kaiser Karl dem Großen im ausgehenden 8. Jahrhundert empfohlen, Gastwirtschaft und Herbergspflicht. Nicht wenige bestanden lange und noch im vergangenen 19. Jahrhundert kamen mit dem um sich greifenden Alpinismus weitere dazu, z. B. Navis, Gschnitz, Gries im Sulztal, Heiligkreuz bei Vent, Gurgl, Pflersch, Afers, Durnholz, Kaisers, Köfels, Huben, Telfes, St. Kassian; »Zum Kuraten« hieß das Hospiz in Gurgl, »Zum guten Tropfen« in Huben. Es gab auch klösterliche Leuthäuser und Gasthäuser, so das heutige Sonnenburger Gerichtshaus des Stiftes Wilten an der Brennerstraße, in dem 1413 Richter Hans Mösold und Frau Leutgeb waren. Die Wallfahrtsgasthäuser etwa in St. Georgenberg, Maria Waldrast unter der Serles und Maria Weißenstein bestehen noch heute. Hingegen sind über Verlangen der Bischöfe von Brixen und Innsbruck die Widumsgasthäuser mit Ausnahme von Navis aufgelassen worden.
Fanden arme Wanderer und Pilger in Tirol Türen, wo sie anklopfen konnten und im Winter auf wärmendes Herdfeuer und stets auf ein Strohlager rechnen konnten und

Das Wallfahrtsgasthaus Sankt Georgenberg bei Schwaz im Inntal, heute beliebtes Ausflugsziel, ist eine der wenigen Klosterherbergen, die es noch gibt. In abgelegenen Tälern gab es auch Pfarrgasthöfe wie z. B. in Pflersch, Durnholz, Gurgl und Navis. In der Frühzeit des Alpinismus waren sie bei Bergwanderungen oft die einzigen Stützpunkte, Alpenvereinshütten und Tourismusgaststätten sind erst später entstanden.

Hospize, die sich auch erkrankter Reisender annahmen, so gesellten sich mit dem zunehmendem Handelsverkehr dazu Gaststätten, in denen die Reisenden für Geld und gute Worte Dienstbereitschaft fanden. Unzertrennlich war mit den Gasthäusern natürlich ein hinreichend großer Pferdestall verbunden, weil die meisten Reisenden zu Pferd ritten oder mit einem Wagen fuhren oder Fuhrleute waren. Bald bilden sich charakteristische Unterschiede in den Gastbetrieben heraus. Da gab es Wirtschaften die — wie schon im alten Rom und unter Karl dem Großen — mit einem herausgehängten grünen Buschen anzeigten, daß sie zeitweilig Wein ausschenkten, aber nichts zu essen und keine Herberge gaben. Dies entspricht ungefähr den heutigen Buschenschenken, die ihren eigenen Wein ausschenken, so lange er eben reicht oder die Schankbewilligung haben. Eine andere Art waren jene, die einen grünen Baum bei ihrer Türe aufstellten und damit anzeigten, daß es bei ihnen stets Speise und Trank und auch eine Anzahl von Betten gibt, aber keine Stallungen und keinen Raum für Wagen.
Schließlich gab es die Gaststätten oder Tavernen mit einem Schild oder anderen Zeichen, die Gäste mit Pferden aufnahmen, die nicht nur Speise und Trank verabreichten, sondern auch Betten und Zimmer hatten und Stallräume für Pferde, ja auch Unterstellräume für Wagen. Es bildeten sich gewöhnlichere und vornehmere Gaststätten heraus, es durften Mahlzeiten zu festgesetzten geringeren Preisen für das gewöhnliche Volk und zu höheren Preisen für sogenannte Herrenmahlzeiten abgegeben werden. Es war auch genau festgesetzt, ob die Wirte den Wein nur vom offenen Zapfen ausschenken durften, um das Recht der Weinleute nicht zu schmälern. Später

wurde auch erlaubt, Wein im Keller einzulagern, aber dann mußte er versiegelt und versteuert werden und durfte nicht außer Haus verkauft werden.
An den großen Straßen und vor langen Steigungen im Wegverlauf entstanden richtige Fuhrmannsgasthöfe, die sehr geräumig waren, um neben den Fuhrleuten auch den Pferden und Wagen sichere Unterkunft und Pferde zum Wechsel und Vorspann zu geben. Diese Tiroler Fuhrmannshäuser des 13. bis 19. Jahrhunderts waren saubere und reinliche Häuser, denn der Fuhrmannsstand hielt etwas auf sich. Sie lagen in bestimmten Abständen, um zur Mittags- und Abendzeit die Menschen und Pferde versorgen zu können. Mittags wurde meist der Pferde wegen zugekehrt, die ausgespannt, aber im Geschirr belassen wurden und Futter und Ruhezeit erhielten. Der Fuhrmann selbst aber nahm nur etwas Wein, Brot und Fleisch mittags zu sich. Nicht zu spät am Abend wurde ein gutes Gasthaus zu erreichen getrachtet, wo zuerst die Pferde versorgt, abgewartet und gefüttert wurden, ehe der Fuhrmann nach erster Fütterung eine kleine und nach abermaliger Fütterung die Hauptmahlzeit nahm. Was die Unterbringung der Gäste anlangte, so bekamen im damaligen Gasthof die vorhandenen Betten zuerst die vornehmeren Gäste, ebenso die besseren Plätze an der Tafel, und im Fuhrmannsgasthof hatten die Alten den Vortritt. Wer kein Bett mehr

Bild aus der Fuhrmannszeit an der Vorderwand eines alten Fuhrmannsgasthofes im Inntal.

fand, mußte sich in der Gaststube auf eine Bank legen. Abweisen durfte der Wirt damals niemand, aber wer kein Geld hatte, der wurde eben in die Scheune ins Heu oder aufs Stroh verwiesen.
Bereits aus dem Jahr 1533 ist eine sehr eingehende Tiroler Wirtsordnung bekannt. Sie forderte die Anbringung des Speise- und Getränketarifs an gut sichtbarer Stelle. Unterließ ein Wirt dies, so war er verpflichtet, den Gästen die Zeche zu bezahlen. Die Speisen mußten rein und gut gekocht, die Getränke gut und unverfälscht sein. Ein beeideter Weinkoster hatte sie auf Echtheit und Preiswürdigkeit zu prüfen. Genau festgelegt war auch der Preis für das Viehfutter. In allem aber wurde dem Wirt »ein ziemblicher Gewinn« zugebilligt.
Der Warenverkehr und Reiseverkehr war im späteren Mittelalter über Brenner und Reschen, und überhaupt durch Tirol, so stark, daß das Frachtwesen gut organisiert wurde und damit auch das Gaststättenwesen sich entwickelte. Dieser Durchgangsverkehr hatte nicht allein wegen des Zollregals für den Landesfürsten und seine Finanzen große Bedeutung, sondern auch wegen der Beschäftigung der heimischen Fuhrleute, Handwerker und Gastwirte. Deshalb war der Landesfürst interessiert an guten Straßen, jederzeit in hinreichender Zahl und zu festen Lohnsätzen vorhandenen Gespannen, Wagen und Fuhrleuten, und Einrichtungen für Einkehr und Beherbergung der Reisenden und Fuhrleute und Gebäude zur Unterstellung der Pferde und Frachten über Nacht. Also ähnlich, wie heute die Behörden an der entsprechenden Einrichtung, Ausstattung und Funktionieren des Fremdenverkehrs als Wirtschaftsfaktor ersten Ranges und Existenzgrundlage nicht allein der Gastwirte interessiert sind. Zollstätten, Straßenzwang, Niederlagsrecht, Marktprivilegien und auch Privilegien für Gaststätten dienten ebenso dem richtigen Eingang der Steuern, Zölle und Abgaben an den Landesherrn, Gefällspächter und Gemeinden wie der Existenz der Gastwirte und Tiroler Gewerbetreibenden aller Art und Kaufleute. An den Salzstraßen wurden die Salzstadel eingerichtet, zur sicheren und kontrollierten Einlagerung, Umladung, und Feilbietung der Waren wurden Niederlagen und Pall- oder Ballhäuser eingerichtet. Urkunden berichten vom Niederlagsrecht für Innsbruck 1239, Imst 1284, Sterzing 1304, Neumarkt 1309, Meran 1333, von Ballhäusern an vielen Orten und von Rodstätten an den für den Handelsverkehr wichtigen Straßen in Entfernungen von drei bis sechs Stunden. Beim Rodfuhrwesen begleiteten die Kaufleute und Spediteure oder die Warengutabfertiger oder ihre Angestellten vielfach die Waren selbst. Mitunter waren die Wagen ihr Besitz, fast nie jedoch die Saum- und Zugtiere und deren Führer. Diese wurden von den Leuten in der Nähe des Niederlagsortes, des Ballhauses oder der Rodstätte gestellt; man nannte diese Rodleute. Im Zeichen des Rodfuhrwesens hatten z. B. an der Brennerstraße nur bestimmte Gasthöfe und Bauern das Recht, Führer zu stellen und Waren mit Maultieren zu befördern, wie Urkunden für Neumarkt von 1309 und 1337 für Gries am Brenner überliefern. Eigene Säumergenossenschaften hatten den Vorspanndienst über den Ritten, über den die alte Brennerstraße zwischen Kollmann und Bozen verlief, ehe 1314 der Bozner Kaufmann Heinrich Kunter die

Der wachsende Warenverkehr und das Rodfuhrwesen erforderten die Errichtung von sogenannten Ballhäusern, in denen die Waren eingelagert und umgeladen wurden. Neumarkt, das früh ein Warenbeförderungsprivileg besaß, hatte bereits 1372 ein geräumiges Ballhaus. Der Name Ballhaus könnte verleiten, an Tanzvergnügen zu denken; er leitet sich jedoch von den Warenballen her, die gelagert und verladen wurden.

Straße durch die Eisackschlucht anlegte, die aber erst 1480 auch als Fahrstraße benützbar war. An Zoll-, Niederlags- und Rodstätten entwickelten sich Gaststätten, hier bedurfte es nicht nur der Niederlagen und Ballhäuser, es mußte auch für Führer und Vorspannpferde gesorgt werden. Durch den Bedarf an Schmieden, Wagnern, Sattlern, Schustern, Wäscherinnen und anderen Handwerkern wuchs um diese Raststätten manche Siedlung. Mit dem Ausgang des 13. Jahrhunderts erlebt der Verkehr über Brenner, Reschen und Fernpaß eine erste Blütezeit, auch das Pustertal ist davon berührt, weniger noch der erst um 1300 einen Saumweg erhaltende Arlberg.
Die Reisefreiheit hatte nicht allein durch Zollstätten und Unsicherheit des Reisens und auch im schlechten Straßenzustand ihre Aufenthalte und Beschwerlichkeiten, es griffen schon frühzeitig staatliche und örtliche Gesetze in das Gastrecht ein. So wurde beispielsweise vielfach die Aufenthaltsdauer für Fremde begrenzt; ungeachtet ihrer Schutzpflicht gegenüber dem Gast mußten Wirte Unbekannte der Behörde melden; schon im 15. Jahrhundert wurde es da und dort üblich, daß Wirte offener Herbergen den Bürgermeistern allabendlich ihre Gäste zu melden und Gästeverzeichnisse vorzulegen hatten, in denen auch die Ankunftsgründe des Gastes aufschienen. Dies hatte zumeist handelspolitische Ursachen. So durften fremde Handelsleute in den Wirtshäusern keine Waren einlagern und dort auch keinen Handel mit ihnen treiben, sie mußten die Waren in die Ballhäuser verbringen und durften nur auf den Märkten

damit handeln. Auch die Sperrstunde war festgesetzt. So verordnete 1544 der Innsbrucker Rat, die Wirte hätten abends um 9 Uhr die »Singer, Füller«, das sind Vollsäufer oder Betrunkene, und »Schreier« heimzutreiben, hingegen dürfen der Adel, die fremden Gäste und die »Ehrbarkeit«, das sind die besseren Bürger, noch bleiben.
Eine Besonderheit, von der sich glücklicherweise einige Beispiele erhalten haben, sind die T r i n k s t u b e n. Noch heute besteht in der Stadt Hall die 1508 vom kaiserlichen Rat und Protonotarius Florian Waldauf von Waldenstein, begründete Stubengesellschaft, in deren Wappenbüchern über 800 Wappen und Namen eingetragen sind. Des Kaisers Maximilian Devise: »Halt Maß in allen Dingen«, ist auch die ihre.
Bei Matrei am Brenner wurde im 1488 erbauten und 1538 erneuerten Grieshof, dem heutigen Bauernhaus zum Brünnler, für Zechgesellen zwischen Innsbruck und Brixen mittwegs zwischen Matrei und Steinach am Brenner eine geräumige Trinkstube eingerichtet. Ein Wandspruch erinnert daran und 40 Wappen künden bis heute von den damaligen Mitgliedern aus dem Adel, Bürgertum, Beamten-, Gastwirte- und Bauernstand. Hier trafen sich 1550 Karl V. und Ferdinand I.
Der Maler Ulrich Springinsklee verewigte 1526 in der Trinkstube der Apotheke in der Stadtgasse von Bruneck die Namen und Wappen von 25 Trinkgesellen aus Adel und Bürgerschaft, wobei jeder von ihnen ein Trinkgefäß und einen Spruch und Allegorien

In den Trinkstuben, die im 15. und 16. Jahrhundert mancherorts entstanden sind, waren fröhliche Wandmalereien und Trinksprüche ein beliebter Wandschmuck, wie hier in der Trinkstube der Zieglauerschen Apotheke in Bruneck.

Kein geringerer als Bartlmä Dill Riemenschneider bemalte 1547 die Trinkstube im Grafenhaus Langenmantel in Tramin. Eines der erhaltenen Bilder zeigt den doppelköpfigen Janus mit Traube und Becher.

Nächste Seiten: Frohe Geselligkeit spiegeln die Blätter der »Lebenberger Chronik« wider, die Mitte des 19. Jahrhunderts auf Schloß Lebenberg bei Meran entstanden ist.

an die Wand malen ließ. Da sieht man eine Frau auf einem Esel reiten, die zwei Hunde an der Hand führt und der ein Zwerg aus einer Flasche ein Glas füllt und reicht mit den Worten: »Kein Freud ohn dich.« Die Satzung der Gesellschaft lautete: »Der dabei sein will, der find sich ein.«

In den Grafenhäusern in Tramin, im Ansitz Langenmantel, malte 1547 in luftiger Turmhöhe Bartlmä Dill Riemenschneider eine Trinkstube mit zwölf Wein und Gesang verbundenen Göttern, Musen und Heroen der Antike aus. Da hält der doppelköpfige Janus in einer Hand eine Traube und in der anderen einen Becher. In einem Notenheft ist zu lesen: »O alle voll, alle voll, Kannen leer, Kannen leer.« Es muß damals in Tirol gar herzhaft getrunken worden sein, denn 1550 wurde in Bozen ein Bund »gegen das yberflissige Zutrinckhen« gegründet.

Um die Mitte des 19. Jahrhunderts fanden sich in Meran Einheimische und Gäste zur »Stehweingesellschaft« zusammen, die im Umtrunk frohe Geselligkeit pflegte und von deren Art die »Lebenberger Chronik«, die der Münchner Friedrich Lentner schrieb, Zeugnis ablegt. Mitglieder waren hochangesehene Professoren des Benediktinergymnasiums, Ärzte und Rechtsanwälte, einflußreiche Bürger und bedeutende Kurgäste. In den Gaststätten Tirols aber fanden und finden sich Stammtische, die nicht nur gesellige Zecher vereinen, sondern für die Bürgerkultur und das Gemeinwesen bedeutsam wurden und sind. Das Stammtischwesen ist noch heute in den Tiroler Wirtshäusern sehr lebendig.

Daz
ist
das Wap
von dem
Lebenberg

Chronica

das ist die wahrhaftig und ausführlich Geschicht und beschreibung von dem geschloße und der vesten ze

Lebenberg

ob Marlina im Etschland ze Tyrol

darinnen ist verzeichnet zu lesen das herkomen und anfang besagter [illegible]

[illegible] zu Meran [illegible] von Lebenberg. [illegible]

Die Entstehung des modernen Postwesens im ausgehenden 15. Jahrhundert und damit verbunden die Einrichtung von Postgasthäusern, die an Behäbigkeit und Bedeutung die bestehenden Fuhrmannsgasthöfe und andere große Gaststätten im Lauf des 17. Jahrhunderts überflügeln, förderte die Entwicklung der Gastlichkeit erheblich. Bisher hatten Klosterboten, Feldjäger und Kammerkuriere, Stadt-, Kaufmannsboten usw. oft weite Wege zur Beförderung der Post gemacht, zu Fuß oder als reitende Boten. Ihre Wegedauer war mit Einführung von Relais für den Pferdewechsel etwas beschleunigt worden, auch die Einführung eines Stafettenwesens, bei dem die verschlossene Post einen Personenwechsel im Beförderer erhielt, brachte die Voraussetzung zur Geburt des modernen Postwesens. Im Jahr 1451 hatte Friedrich III. den aus Bergamo stammenden Roger de Tassis mit der Einrichtung von Postlinien zwischen Tirol, Wien und der Steiermark beauftragt und 1495 richtete Franz von Taxis für Kaiser Maximilian I. die ständige Postverbindung zwischen Tirol und den Niederlanden ein, wobei auf der 765 km langen Strecke zwischen Innsbruck und Mecheln bei einem 18maligem Wechsel des Postboten und einer Stundengeschwindigkeit von fast 6 km zwischen Absendung und Abgabe fünf Tage und elf Stunden nötig waren. Mit der Einrichtung von Poststationen in bestimmten Abständen und in den am Postweg berührten Städten und Orten kam es auch vielfach zur Angliederung von Postgaststätten. Es vereinten zuverlässige Personen die Funktion des Wirtes und Postmeisters und es vererbte sich diese Doppelstellung in mancher Wirtsfamilie.

Zum guten Wein gehört ein kräftiges Tiroler Essen. So wird es auch in der Lebenberger Chronik auf humorvolle Art gezeigt.

In Tirol vererbten sich überhaupt in Stadt und Land Gasthöfe vielfach wie bäuerliche Erbhöfe und finden sich durch Generationen im Besitz der gleichen Familie, wobei Verehelichungen unter Wirtsfamilien überaus häufig sind. Propst Josef Weingartner ist diesen aufschlußreichen familiären Beziehungen der Tiroler Wirte in seinem Buch »Tiroler Wirtshäuser und Wirtsfamilien« liebevoll nachgegangen und hat ein schönes Bild eines stolzen Standesbewußtseins sichtbar werden lassen. Oft waren die Gasthöfe in Tirol mit einem landwirtschaftlichen Besitz verbunden, auch waren Wirte zugleich nicht selten Viehhändler, Holzhändler, Metzger oder Kaufleute, Postmeister und Fuhrwerker. Die Bauernschaft lieferte vielen Gasthöfen die für Keller und Küche notwendigen Produkte. Dadurch war es erleichtert, bei aller Besteuerung und Vorschreibung fester Taxen für alle Dienstleistungen, gesichert und gewinnbringend leben zu können.

Dies alles trug dazu bei, die soziale Stellung der Wirte zu heben. Aus zahlreichen Reiseberichten seit dem 15. Jahrhundert geht hervor, daß die Gastwirte der angeseheneren Häuser an den Tiroler Straßen wohlhabende Leute mit gutem Lebensstil waren und sich gewandt und geschmeidig im Verkehr mit Gästen zeigten. Fast alle konnten wie die deutsche auch die italienische Sprache und nicht wenige auch Latein. So wird im Bericht der venezianischen Gesandten Contarini und Pisani unterm 20. Juni 1492 von Gosper, dem Wirt des Gasthofes zum »Lamm« in Klausen berichtet, daß er ein Mann von umfassender Bildung, Rechtschaffenheit und Leutseligkeit sei, der in seinem Äußeren einem Baron gleiche. Aber auch Frauen verstanden damals schon gut Wirtschaften zu führen, denn ein anderer Bericht des 15. Jahrhunderts lobt eine Wirtin in Mühlbach als »Domina illius hospitii est optime literata et instructa, valde pulchra et placibilis« (gut belesene und gebildete, sehr schöne und liebliche Herrin jener Gastwirtschaft). Oft waren Wirte neben den Bürgermeistern die wichtigste Persönlichkeit, oft hatten sie auch dieses höchste Amt in einer Gemeinde. Zur napoleonischen Zeit zeigte sich das Ansehen der Wirte innerhalb der Bevölkerung, denn es stand nicht allein der Sandwirt Andreas Hofer an der Spitze der Anhänger Österreichs als unbestrittener Führer, viele Wirte setzten uneigennützig damals Besitz und Leben für die Heimat aufs Spiel. So spielen bis heute Wirte im Tiroler Leben eine wichtige Rolle, stiegen bis zur Landeshauptmannswürde empor wie etwa der aus Sillian gebürtige Josef Schraffl (1855—1922) und Alois Grauss (1898—1957) aus Rotholz.

Das moderne Fremdenverkehrszeitalter, noch nicht der moderne Massentourismus der Gegenwart, war für Tirol schon angebrochen, als 1895 der Schweizer Georg Baumberger mit wachem Blick durch das Land an Etsch und Inn und im Gebirge reiste. In seinem Reisebuch steht das vielleicht schönste Zeugnis für die Tiroler Gastkultur und die Tiroler Wirte:

»Es ist der Stolz und die Ehre jedes rechtschaffenen Tiroler Wirtes und seiner Ehefrau, ein recht schönes Kruzifix zu besitzen, und eine wahre Freude ist es, daß auch die Gasthöfe in den Städten dieser ehrwürdigen Sitte treu bleiben. Der Wirteberuf in Tirol ist ein geachteter und angesehener und hat sich von unsauberen Elementen freizuhalten gewußt. Er hat sich als Stand in der ethischen Bedeutung des Wortes erhalten. Der Wirt steht sozial auf den obersten Sprossen im Lande, und zwar wegen seiner Eigenschaft als Wirt. Er ist Berater des Volkes in tausend Angelegenheiten, eine Art Dorfvater in patriarchalischer Stellung.«

Die alten Wirtsschilder und Gasthofnamen sind sprechende Wahrzeichen der Gastlichkeit und Zeugnisse der Kulturgeschichte. Zuerst hängten die Wirtschaften Buschen aus Blattwerk, Fichten-, Tannen- oder auch Buchsbaumzweigen heraus, strohgeflochtene Sträuße. Dies waren schon in römischer und dann in karolingischer Zeit Zeichen der Schankgerechtigkeit, wie noch heute in manchen Weinbaugebieten. Seit dem 12. Jahrhundert kommt es zu besonderen Wirtshausnamen und, weil Wandmalereien, Holztafeln und Reliefs an den Wänden nicht so wirkungsvoll sind, wurden die Wirtshausschilder erfunden, denen man eine möglichst attraktive Gestaltung gab. Besonders seit der spätgotischen Zeit werden sie immer verbreiteter und kunstreicher. Wie man an Häusern besondere Zeichen anbrachte und der Adel seine Wappen führte, die Zünfte der Handwerker und Gilden der Kaufleute ihre Symbolzeichen hatten, so wurden an den Straßen und in den Gassen der Städte die Schilder der Wirtshäuser charakteristisch und dienten als Wegweiser und einladende Zeichen guter Gastlichkeit.

Vielfältig wie die Namen ist die Symbolik der Wirtshausschilder, wie sie seit Jahrhunderten in den Tiroler Orten überall sichtbar sind und wesentlich zum pittoresken Bild so mancher Gasse in Innsbruck und Bozen, Sterzing und Rattenberg, Klausen und Hall und auch kleineren Orten beitragen. Vielerlei Beziehungen lassen sich aus diesen Schildern ablesen, auch der Wandel von Stil und Geschmack im Ablauf der Jahre. An die alten Schankgerechtigkeiten erinnern Namen und Schilder wie »Zum grünen Baum«, »Feichter« oder »Zum grünen Kranz«. Daß die Kaiserstraße des Mittelalters durch Tirol führte, erkennt man aus den vielen Gaststätten die zur »Krone«, zum »Adler« oder gar »Zum Römisch-Deutschen Kaiser« heißen. An die Kreuzfahrer und Pilgerzüge erinnern Namen wie »Goldenes« oder »Weißes Kreuz«, »Zum Mohren« oder »Zu den drei Mohren«, auch »Löwe«, »Löwengrube«. Tirol gehörte weithin zur Diözese Brixen, welche das Osterlamm als Wappen führt, und so findet man vielfach auf Schildern das »Lamm«. An die Fuhrleute erinnert das »Rößl«, an den Postverkehr die vielen Schilder mit Posthörnern oder Postwagen. Von der Astronomie und dem Jahreslauf kommen die »Sonne«, »Mond«, »Mondschein« und »Stern«. Aus der Sagenwelt stammen »Einhorn« und »Greif«, aus der Tierwelt »Bär, »Wolf«, »Ochse«, »Steinbock«, »Hirsch«, »Pfau« und andere, nicht zuletzt auch der »Elephant«, aus dem Pflanzenreich »Rose«, »Lilie«, »Edelweiß«, »Enzian« und andere. Im Weinland Tirol darf auch die »Traube« nicht fehlen. Weiter seien aus älterer Zeit noch erwähnt Namen und Schilder wie »Eisenhut«, »Riese«, »Burgriese«, »Glocke«, »Pfannenschmied«, »Goldener Winkel«, »Färberwirt«, und wer zählt die vielen Ober-, Unter-, Kirch-, Pfarr- und Gemeindewirtshäuser? Dann sind natürlich auch Gasthäuser nach Besitzern genannt

V.HOFER

wie »Nußbaumer«, »Esterhammer«, »Frau Emma«, »Parthanes«, nach Örtlichkeiten wie »Schupfen«, »Zwölfmalgreien«, »Christl im Loch« oder »Turmwirt«, »Ratskeller« oder »Stadthotel«, »Torgglhaus« oder »Batzenhäusl«. Mit dem Eisenbahnzeitalter kommen die Gasthöfe zur »Eisenbahn« oder »Station« dazu und mit dem internationalen Tourismus Bezeichnungen wie »Zur schönen Aussicht«, »Astoria«, »Bellevue«, »Bristol«, »Excelsior«, »Palace«, »Waldschenke« und zuletzt »Eurotel«, »Autobahnraststätte«, »Motel« und »Autogrill«. So spiegelt sich in den Namen und Schilderzeichen der Gasthöfe der Wandel der Zeit und im Stil und Geschmack der Menschen.

Der gute Ruf der Tiroler Gaststätten und der Tiroler Wirte reicht weit zurück. Freilich fehlen zuweilen auch kritische Stimmen nicht und war nicht von Anfang alles schon so bereit und vervollkommnet, wie sich heute Gastkultur in den Tiroler Wirtshäusern und Hotels präsentiert. Aber von Anfang an überwiegen die lobenden Stimmen.

Im 13. Jahrhundert fand Albert von Stade das Pustertal teuer und seine Gasthöfe schlecht. Der Franziskanermönch Jordanes de Giono berichtet von der Fahrt der ersten Minderbrüder 1221, daß sie »gerade zur Essenszeit Sterzing erreichten. Da sie kein Brot hatten und nicht wußten, wie sie bitten sollten, zogen sie in der Hoffnung weiter, daß sie gegen Abend irgendwohin kämen, wo sie von mildtätigen Leuten gelabt würden. Sie gelangten mit vielerlei Beschwerden nach Matrei. Dort kauften ihnen zwei Männer etwas Brot.«

Als der Bischof von Caorle im Auftrag des Patriarchen von Aquileja 1485 die im östlichen Tirol gelegenen Pfarren visitierte, führte sein Sekretär Paolo Santonino Tagebücher. Darin hat dieser, ein verheirateter Laie, insbesondere die vorgesetzten Mahlzeiten aufgeschrieben, die Pfarrer oder Ortsgasthöfe boten. Da bekam er am 9. Oktober in Tristach »gesottenen Kuttelfleck, gedünstete Kapaune und Kalbfleisch, gebratene Hühner und Rindslenden«; am 12. Oktober im Ortsgasthof in Dölsach mehrere Gänge, darunter »neu ein Gericht aus Mehlnudeln, gekocht in Milch und fetter Suppe, das allen schmeckte, weil es schmackhaft und süß war«. Unter freiem Himmel gab es nach der Kirchweihe von St. Chrysanth in Lengberg am 14. Oktober »gute Fische, desgleichen Knödel, ferner Kohl, auch Brot und Wein«.

Als der Ulmer Dominikanerpater Felix Faber auf seiner Pilgerreise 1483 und 1484 durch Tirol kam, rühmt er den Empfang und Chorgesang in Neustift, bezeichnet den Kuntersweg als gefährlich und stellt am 20. April in Bozen fest: »Hier ist alles leicht und wohlfeil zu bekommen und Überfluß in den besten Sachen; der Wein gedeiht vorzüglich und die anderen Früchte sind voll Süßigkeit.« Bei der Rückkehr kam er über das Gemärk zum einsamen Gasthaus »Zum Hohlenstein« am 21. April 1484: »Wie man hört, sind schon viele Menschen vor der Erbauung dieses Gasthauses in der Nacht vor Kälte oder Durst umgekommen.« Er lobt dann die weiterhin aufgesuchten Gasthäuser in Niederdorf, Bruneck, Sterzing, Matrei und Reutte.

Der Sekretär, Antonio de Beatis, des Kardinals Luigi d'Aragon trug in das Tagebuch der Reise nach dem Norden vor dem Verlassen Tirols am 21. Mai 1517 in Seefeld, wo

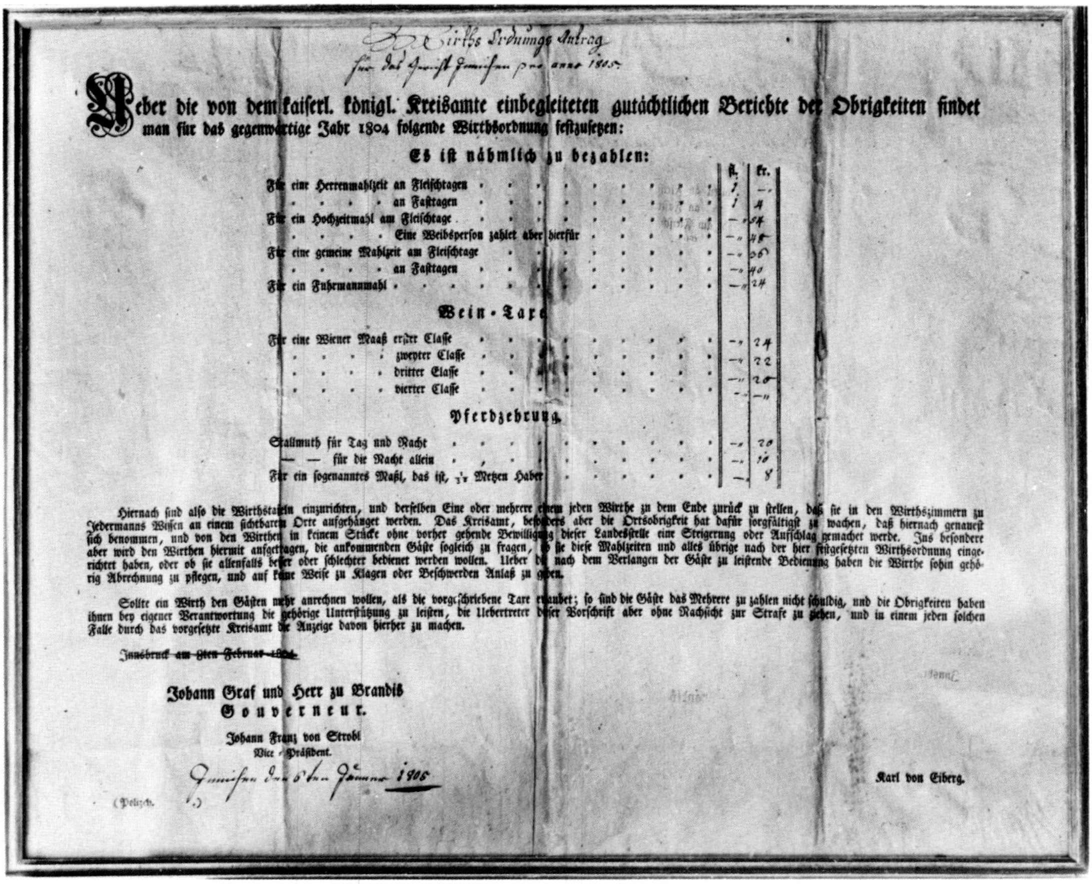

Ueber die von dem kaiserl. königl. Kreisamte einbegleiteten gutächtlichen Berichte der Obrigkeiten findet man für das gegenwärtige Jahr 1804 folgende Wirthsordnung festzusetzen:

Es ist nähmlich zu bezahlen:

	fl.	kr.
Für eine Herrenmahlzeit an Fleischtagen	1	—
. . . . . an Fasttagen	1	4
Für ein Hochzeitmahl am Fleischtage	—	54
. . . . . Eine Weibsperson zahlet aber hierfür	—	48
Für eine gemeine Mahlzeit am Fleischtage	—	36
. . . . . an Fasttagen	—	40
Für ein Fuhrmannmahl	—	24

Wein-Taxe

	fl.	kr.
Für eine Wiener Maaß erster Classe	—	24
. . . . . zweyter Classe	—	22
. . . . . dritter Classe	—	20
. . . . . vierter Classe	—	—

Pferdzehrung.

	fl.	kr.
Stallmuth für Tag und Nacht	—	20
— — für die Nacht allein	—	10
Für ein sogenanntes Maßl, das ist, $\frac{1}{32}$ Metzen Haber	—	8

Hiernach sind also die Wirthstafeln einzurichten, und derselben Eine oder mehrere einem jeden Wirthe zu dem Ende zurück zu stellen, daß sie in den Wirthszimmern zu Jedermanns Wissen an einem sichtbaren Orte aufgehänget werden. Das Kreisamt, besonders aber die Ortsobrigkeit hat dafür sorgfältigst zu wachen, daß hiernach genauest sich benommen, und von den Wirthen in keinem Stücke ohne vorher gehende Bewilligung dieser Landesstelle eine Steigerung oder Aufschlag gemachet werde. Ins besondere aber wird den Wirthen hiermit aufgetragen, die ankommenden Gäste sogleich zu fragen, ob sie diese Mahlzeiten und alles übrige nach der hier festgesetzten Wirthsordnung eingerichtet haben, oder ob sie allenfalls besser oder schlechter bedienet werden wollen. Ueber die nach dem Verlangen der Gäste zu leistende Bedienung haben die Wirthe sohin gehörig Abrechnung zu pflegen, und auf keine Weise zu Klagen oder Beschwerden Anlaß zu geben.

Sollte ein Wirth den Gästen mehr anrechnen wollen, als die vorgeschriebene Taxe erlaubet; so sind die Gäste das Mehrere zu zahlen nicht schuldig, und die Obrigkeiten haben ihnen bey eigener Verantwortung die gehörige Unterstützung zu leisten, die Uebertreter dieser Vorschrift aber ohne Nachsicht zur Strafe zu ziehen, und in einem jeden solchen Falle durch das vorgesetzte Kreisamt die Anzeige davon hierher zu machen.

~~Innsbruck am 9ten Februar 1804.~~

Johann Graf und Herr zu Brandis
Gouverneur.

Johann Franz von Strobl
Vice-Präsident.

Karl von Eiberg.

(Polizey.)

Die Preise für Speise und Trank, Nachtlager und Versorgung der Pferde waren in den Gaststätten Tirols schon immer streng geregelt und kontrolliert. Hier eine amtlich verfügte Preistafel aus dem Jahre 1805.

sie zur Nacht speisten, ein: »Man hat in allen Gasthäusern zwei Sorten Wein, weißen und roten, gut und wohlschmeckend, manchmal mit Salbei, Flieder und Rosmarin gewürzt. Es gibt schmackhaftes Kalbfleisch, viel Hühner ... Überall findet man bequeme Unterkunft. Kamine hat man nur in den Küchen, sonst überall Öfen. Jeder Ofen ist mit einer Nische versehen, in welcher ein Zinngefäß steht, das als Waschbecken dient ... Allgemein sind Federbetten und mit Federn gefüllte Oberdecken in Gebrauch.«
Im Jahre 1587 vermerkte der Reisende Arnold Buchelius: »Bei den Gelagen und Mahlzeiten macht man in den Gasthöfen viel Aufwand. Man breitet ein Tischtuch auf und trägt Wein herbei; dann folgt nach einer Stunde eine Speise und darauf erst setzt man sich unter einigen Zeremonien zu Tisch. Sieht der Wirt, daß man von der Reise ermüdet ist, läßt er abends ein Waschbecken mit warmen Wasser auf das Schlafzimmer kommen, in dem Kräuter gekocht sind, die zur Stärkung der Füße gut tun.«
Ähnlich lobt auch Michel de Montaigne 1580 die Verhältnisse im Gasthof »Goldene Rose« in Innsbruck: »Wir bekamen hier Zinnteller. Servietten nach französischer Mode hatten wir schon ein paar Tage vorher erhalten. Teilweise waren um die Betten Vorhänge gespannt, und um die frohe Art des Volkes zu zeigen, waren sie schön und reich bestickt, auch kunstvoll zugeschnitten.

Der berühmte Tiroler Hofarzt und Gelehrte Hippolyt Guarinoni schrieb 1610: »Ein Gasthauss, das ist ein Hauss des Gasts, wo der Wirt ein getreuer vatter, der Gast ein liebes Kind wäre.« Aber in seinem Buch »Greuel der Verwüstung menschlichen Gschlechts« kritisiert er die Wirte sehr. »In den Wirtshäusern ist eine verpestete Luft in den Schlafkammern ... Eben aber bey euch Wirten ist eine viel schädlichere und abscheulichere Unreinigkeit der Liegestatten, welche mehrers also beschaffen, daß ein ehrlicher Mann, der sein Geld oft doppelt über die Gebühr allda verzehrt, dennoch nit keck und beherzt sich entblössen und in das Bett zu Ruh und Schlaff sich legen darff ... Ursach dessen ist die große Nachlässigkeit der Gastgeber oder Taverner, welche die Laugen und Seyffen wie auch die Leylachen ersparen und ... meynen, es sey zu viel, wann man jedem Gast insonderheit ein frisch paar Leylacher unterlegen solle, da es doch nit zu viel ist, wenn der fromme Gast für eine schlimme Mahlzeit oder zum andern und dritten mal erwärmte und fürgesetzte Speisen für sein Person allein einen halben Gulden, halben Thaler, 45 bis 54 Kreutzer und an vielen Orten noch darüber hinaus bezahlen muß ...«
Kritische Anmerkungen bringt auch Gustav Rasch in seinem in Stuttgart 1874 erschienenen Tiroler Reisebuch »Touristen-Lust und Leid in Tirol«. Man muß lächeln, wenn man ein Jahrhundert später liest: »Der Tiroler hat nirgends ein Wirtshaus hingebaut, um dem Touristen einen Jochübergang bequemer zu machen, um ihm Comfort nach den Strapazen zu bieten. In Tirol wird die Natur noch nicht industriell ausgebaut ... Das Widum des armen Pfarrers vertritt die Stelle des Gasthauses ... Aber auch in den größeren Städten und an der Landstraße wappne sich der Reisende mit Geduld. Die Einfachheit der Speisekarte ist oft zum Verzweifeln. Sie beginnt mit Kälbernem und Lämmernem und hört mit Lämmernem und Kälbernem auf ... Nichts ist imstande, in die Monotonie der Ernährung die geringste Abwechslung zu bringen.« Obwohl Rasch alles und jedes tadelt, entdeckt er dann doch gute Gasthäuser, die »Post« in Bruneck, den Gasthof der Frau Emma Hellensteiner in Niederdorf, das »Weiße Lamm« in Lienz, den »Elephanten« in Brixen, das Restaurant Reiffer in Franzensfeste und das »Goldene Kreuz« nahe der Kirche Unserer Lieben Frau in Schnals. Die von Rasch nur widerwillig und so nebenher gezollte Anerkennung geben aber viele Reisende gern und reichlich.
Der vielgereiste Philipp Hainhöfer rühmt 1628 bei der Einkehr im »Goldenen Löwen« in Innsbruck Unterkunft, Tiroler Speisen und Wein. Großherzog Cosimo III. von Toskana ist sehr zufrieden in der »Sonne« in Bozen und beim »Goldenen Adler«, genannt zum »Peisser«, in Brixen, wo er sich beim Betrachten eines Festessens des Stadtrates sehr erlustigt an den komischen Zwischenfällen, »in die sich die bärtigen Väter vor Verlassen der Schenke verwickelten, von wo sie dann alle am Arme ihrer Frauen heimgeführt wurden«. Vom Aufenthalt in der »Rose« in Sterzing bemerkt der Großherzog, »wo man gut wohnte«. Abbate Giacomo Fantuzzi nennt 1652 den Gasthof »Zum Hirschen« in Innsbruck »rühmlich bekannt. Hier wurde ich sehr gut untergebracht und bedient, aß herrliche Pfirsiche aus Italien und trank guten Wein«.

Der in päpstlichem Auftrag reisende Priester Giuseppe Garampi wohnte im September 1761 in Bozen in der »Sonne«, wo man die Gäste »con suffiziente polizia e con qualche discretezza« behandelt. Dabei fiel ihm die Redlichkeit des Wirtes ebenso auf wie die nach deutscher Art übliche Bedienung durch weibliches Personal, das sich aber den heißblütigen Italienern gegenüber sehr zurückhaltend zeigte.
Joseph Kyselak, bekannt durch Verewigung seines Namens an allen möglichen und unmöglichen Stellen mit schwarzer Farbe, kam auf seiner Alpenreise 1825 nach Tirol und im Zillertal nach Lanersbach in ein bescheidenes Wirtshaus: »Der Wirt war außen beschäftigt. Die Mutter bedauerte, daß im ganzen Haus für einen so seltenen Gast nichts Gehöriges aufgebracht werden könne. Jedoch sollte ich mich unterdessen mit Bier, Schnaps, Käse und dürrem Schwarzbrot begnügen, ihr Mann würde schon zu besserem Rat wissen . . . Nach einer halben Stunde kamen meine Wirtsleute zurück. Angenehmes Staunen fesselte mich, als ich die Wirtin mit großer Schüssel schön gesottener Forellen und einer anderen voll Milchsuppe zum Tische hüpfen sah. Dies sei alles, was sie für jetzt anbieten könne . . .«

Die Engländer begannen im 19. Jahrhundert Tirol zu entdecken. Der Zeichner William Alexander bemerkte 1813 zu seinem Bild einer Innsbrucker Kellnerin, ihre Sauberkeit, Regsamkeit und Aufmerksamkeit, die aufgeweckte, freundliche, einnehmende

Auch manche Badgasthöfe haben eine lange Tradition, z. B. Dreikirchen und Bad Süss am Ritten, Salomonsbrunn, Altprags und Bad Winkel im Pustertal, Rumustlungs und Valdander in Ladinien, das Völlaner Badl über Lana, Obladis im Oberinntal. Im Bild: Badgasthof Dreikirchen im Eisacktal.

In jüngster Zeit wurden neben den alten Schloßschenken wie Runkelstein oder Haselburg einzelne Burgen zu Schloßhotels ausgebaut wie Korb, Hochnaturns, Itter u. a. Ihre historischen Räume geben ihnen einen besonderen Reiz. Im Bild: Schloßgasthof Münichau bei Kitzbühel.

Veranlagung, ihr offener Charakter, die scharfen und doch höflichen Antworten an Gäste, die sich etwas herausnehmen wollen, das seien hervorstechende Eigenschaften. Überhaupt singen viele Reisende Loblieder auf die Tiroler Kellnerinnen und Wirtinnen.

Diese Stimmen ließen sich vielfältig vermehren bis in die Gegenwart herauf. Wenn man die Gästebücher und die erhaltenen Korrespondenzen in den Wirtshäusern und die Tagebücher und Reiseberichte durchblättert, so bezeugt sich darin die Qualität der Tiroler Gastkultur durch die Jahrhunderte, die Ehre und Verpflichtung der historischen Gaststätten und überhaupt des Gastgewerbes in Tirol.

Vorläufer der modernen Ausflugs- und Erholungsgaststätten sind die Badegasthöfe, von denen manche weit zurückreichen, so z. B. Bad Dreikirchen am Osthang des Ritten bei Barbian überm Eisacktal bis 1314. Im 14. Jahrhundert werden auch Bad Heiligkreuz bei Hall und das Brennerbad erwähnt, und seit 1348 auch Bad Ilstern bei St. Sigmund im Pustertal, wo 1840 jährlich rund 300 Badegäste gezählt wurden. Sehr alt ist auch das Mitterbad im Ultental, wo Bismark mehrmals zur Kur weilte. Seit 1463 nutzte man Volderwildbad, dessen Gasthof erst vor kurzem geschlossen wurde. Im seit dem 17. Jahrhundert beliebten Bad Salomonsbrunn im

Antholzer Tal hatten Geistlichkeit und Studenten keine Zeche zu bezahlen. In die zahlreichen Bauern- und Heubadln brachten sich die Tiroler Bauern meist die Lebensmittel selbst mit und kochten sich während der Kur teilweise selbst.
Besonders im 18. und 19. Jahrhundert erfreuten sich die Badegasthäuser erheblichen Zuspruchs. Seit Mitte des 19. Jahrhunderts suchten auch immer mehr fremde Gäste einzelne Bäder wie Ratzes nahe der Seiser Alm unterm Schlern oder Weißlahnbad unterm Rosengarten im Tierser Tal, das Moritzinger Schwefelbad auf und entwickelten sich Meran und Gries zu weltweit bekannten Kurorten.
Mit dem erstarkenden Alpinismus blühte der Fremdenverkehr auf und gab sich die große Welt Stelldichein in Gossensaß und Toblach, auf der Mendel und am Karersee, in Brixen und Bozen, in Klausen und in Bruneck, in Sulden und Trafoi, am Achensee und im Zillertal, im Ötztal und Seefeld und heute haben eine Reihe damals entstandener Gasthöfe und Hotels schon mehr als hundert Bestandsjahre überschritten. Auch Schloßgaststätten entstehen jetzt, z. B. Runkelstein, Itter, Thurnstein, Korb u. a. So mehrt sich die Zahl der historischen Gaststätten in Tirol.
Das Eisenbahnzeitalter hat seit 1870 den Verkehr von den Straßen auf die Schiene verlegt. Bis dann im 20. Jahrhundert die Motorisierung erneut den Straßenverkehr wieder belebte, hatten die Wirtshäuser an den Straßen, über welche so viele Jahrhunderte die zahlreichen Fuhrmannszüge und Post- und Stellwagen gefahren waren, schwere Jahrzehnte, die nicht alle wirtschaftlich überdauern konnten. In seinem Buch »Bergfahrten und Raststätten« schrieb Heinrich Noë 1892:
»Wer einmal auf der Brennerstraße gegangen ist, der weiß, daß immer im Zwischenraum von ein paar hundert Schritten wieder ein Wirtshaus steht, aus dessen Erker es vor 30 Jahren lustig herausklang von allerlei Leben, das aber jetzt schweigsam und versperrt neben den kleinen Grasinseln steht, die sich auf der Straße vor ihm ansiedeln. Einige dieser stattlichen Häuser hat man allerdings für Freunde der Einsamkeit und Ruhe des Hochgebirges geöffnet.«
Es blieben dem Tiroler Gastgewerbe neben guten auch schwere Zeiten nicht erspart. Die weltweiten Veränderungen im Verkehr und durch politischen und wirtschaftlichen Wandel forderten von den Gastwirten Spürsinn und Gewandheit und verlangen dies gerade auch heute, wenn sie bestehen wollen, wenn sie sich abzeichnende Entwicklungen erkennen und nutzen wollen. So fanden die einst dem nüchternen Warenverkehr und dem Postwesen dienenden alten Gaststätten eine neue wichtige Stellung in der gewandelten Welt des Tourismus und allgemeinen Reisens. Die alten Gasthöfe und ihre Wirte zeigten sich aufgeschlossen den Bedürfnissen der modernen Reise- und Fremdenverkehrswelt, sie nützten die modernen Einrichtungen und Möglichkeiten, aber sie blieben fest in ihrer bewährten Tradition und so erhielt sich im zeitgenössischen Betrieb die Biederkeit und Solidität vielhundertjähriger Gastwirtefamilien und Gaststättenerfahrung lebendig. Die historischen Gaststätten, von denen hier nur einige beispielhaft vorgestellt werden können, sind ein tragendes Element im großen Angebot der Tiroler Gastlichkeit.

Der Brennerweg

Der Brenner ist mit 1375 m Höhe die niedrigste Einsattelung in der ganzen Alpenhauptkammlinie und ganzjährig befahrbar. Dank seiner verkehrsgeographischen Lage ist der Brenner der Hauptreiseweg durch Tirol. Heute bewältigen die alte Kaiserstraße, auf der im Mittelalter die meisten Kaiserzüge und Pilgerfahrten ihren Weg nahmen, die 1867 eröffnete Eisenbahnlinie und die Brennerautobahn den starken Touristen- und Frachtverkehr. Die Großartigkeit der Gebirgslandschaft ist trotz der vielfältigen Eingriffe in die Natur weitgehend bewahrt und es begleitet auf dem Reiseweg eine in die Natur harmonisch eingefügte Kulturlandschaft zu Füßen der ursprünglich gebliebenen Alpenwelt. Wer die historischen Gaststätten besuchen will, der muß auf der alten Brennerstraße fahren, nicht auf der Autobahn oder Umfahrungen ausweichen. Von Innsbruck zieht die Straße vorbei an dem aus den Tiroler Freiheitskämpfen berühmten Bergisel oder von Solbad Hall her die Elbögener Salzstraße übers Mittelgebirge ins Wipptal, dessen nördlichen Teil vom Brenner herab die Sill durchströmt, während vom Brenner gegen Süden hinab der Eisack fließt. Malerisch stehen an den Berglehnen stattliche Einzelgehöfte, an der Straße und in den Ortschaften laden traditionsreiche Gaststätten zur Einkehr und zum Verweilen ein. Es münden aus den Stubaier und Zillertaler Alpen reizvolle Täler ein und mehrfach erblickt man über den Talschlüssen Gletscher und firnbedeckte Gipfel. Viele Häuser sind mit Fresken geziert, fast alle tragen reichen Blumenschmuck. Spuren der Römerstraße und römische Meilensteine erinnern an das Alter des Verkehrsweges. Die Orts- und Städtebilder entzükken durch den bewahrten Baucharakter. Kaum ein Ort, der nicht geschlossene Straßenzüge mittelalterlicher Bauwerke, Kirchen, Burgen und Ansitze und Bauernhöfe aus den verschiedenen Stilperioden seit der Romanik besitzt. Die Eisackstädte Sterzing, Brixen und Klausen sind städtebauliche Kleinode. Schluchtartig verengt ist das Eisacktal zwischen Brixen und Bozen, um dann mit der Einmündung ins Etschtal bei Bozen in einen weiten, fruchtbaren Talboden zu gelagen, in das Unterland und Überetsch, ehe an der Salurner Klause wieder die Bergfluchten eng zusammenrücken.

Innsbruck, seit 1420 Landeshauptstadt nach Meran, nennt sich heute stolz Alpengroßstadt. Seit jeher Schnittpunkt der Verkehrswege, hat sein altes Gastgewerbe mit der

Heuriger
im 1. Stock

GOLDENER ADLER

modernen Entwicklung des Alpinismus, Wintersports und Fremdenverkehrs, des Handels, Warenaustausches und der Wirtschaft, der Verwaltung, der Universität und des Kongreßwesens erheblichen Aufschwung genommen. Die Bewahrung der spätgotischen Altstadt und der stattlichen Renaissance-, Barock- und Rokokobauten und traditionsreichen jahrhundertealten Gaststätten, die bezaubernden Ausblicke durch die Straßenfluchten über die anmutigen grünen Mittelgebirgsterrassen auf die umrahmende Hochgebirgsszenerie und das Ineinanderfließen von Stadt- und Naturlandschaft vermitteln besonderen Reiz.
Hier ist nicht nur das Goldene Dachl und manches schöne Patrizierhaus erhalten, da steht z. B. auch der »Goldene Adler«, zuerst 1390 erwähnt, dessen erster bekannter Wirt Christoph Müller Mitte des 16. Jahrhunderts war. Der Wirt Matthias Niederkircher war im 18. Jahrhundert auch 13mal Bürgermeister der Stadt Innsbruck. Bis ins 15. Jahrhundert reicht die zuerst »Wirtshaus am Schrofen« genannte »Goldene Rose« zurück, als Haus schon 1329 erwähnt, heute von der Brunecker Hirschenwirtsfamilie Schifferegger geführt. Montaigne wohnte hier 1580; und 1719 in dieser »damals komfortabelsten Wirtsbehausung der Stadt« die Tochter des Königs Johann Sobieski von Polen. In dem seit 1465 bekannten »Weißen Kreuz« wohnte 1729 Leopold Mozart mit seinem 13jährigen Sohn Wolfgang.

Einer der ältesten Gasthöfe der Innsbrucker Altstadt ist der »Goldene Adler« mit seinem wappengezierten Doppeladlerschild.
Das heutige komfortable Hotel wird von der Familie Cammerlander geführt, die bereits in der 14. Generation Wirte stellt.

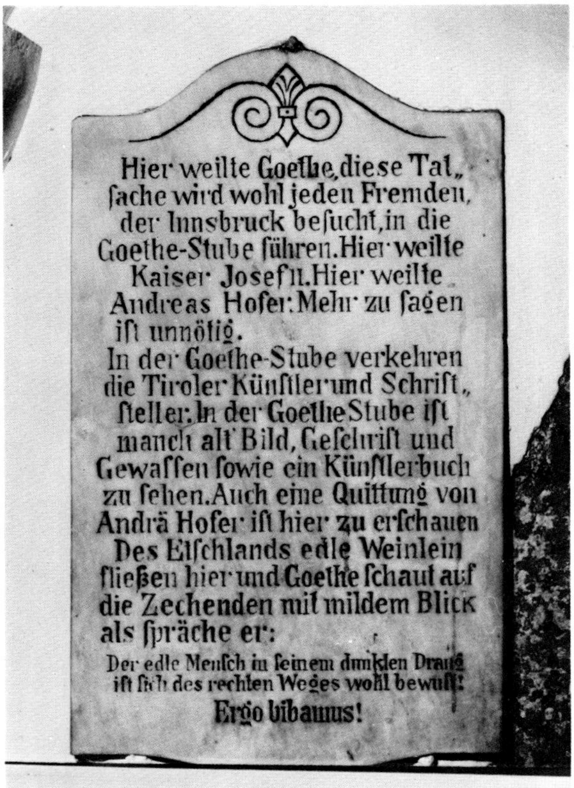

Im »Goldenen Adler« hielt sich auch der Tiroler Freiheitskämpfer Andreas Hofer auf und sprach vom Fenster der Gaststube aus zu seinen »lieben Schbruckern«. Eine Tafel am Haus erinnert an diese Rede, eine weitere (oben) enthält eine Liste prominenter Gäste. Könige, Künstler und Diplomaten durften, wenn sie standesgemäß sein wollten, nur im »Goldenen Adler« logieren.

Rechts: Das einladende Wahrzeichen der seit dem 13. Jahrhundert bestehenden »Goldenen Rose« in der Herzog-Friedrich-Straße.

HOTEL ROSE
Zur Goldenen Rose
Heuriger
im 1. Stock

Viele historische Gaststätten gibt es noch in der Altstadt, so seit 1480 den »Burgriesen«, in dem Prinz Eugen einmal wohnte und von wo Andreas Hofer 1809 Frühstück und Mittagessen bezog. Bis 1484 reicht das Weinhaus Happ zurück, seit 1874 Besitz der Familie Happ. Der »Hirsch« galt 1631 als größter Gasthof der Stadt. Alt sind auch der »Goldene Löwe«, das »Weiße Rößl«, die »Goldene Krone«, der »Schwarze Adler«, der »Graue Bär«, der »Greif«, das »Jörgele«, in dem Propst Weingartner, Bruder Willram, der Dichter Oberkofler und der Künstler Plattner ihre Runde hatten.

»An den schönen Häusern und stattlichen Herbergen in **Lans** bemerkt man noch den Wohlstand, welchen einst der Verkehr auf der Salzstraße — von Hall über Lans und Elbögen nach Matrei — hieher brachte. Beim Wirt »Zum Wilden Mann« — ein Riese a fresco bezeichnet das Haus — steht nach alter Sitte ein hoher Zirbelbaum, vielleicht der mächtigste im ganzen Unterland«, schrieb 1869 Heinrich Noë. Behaglich wirkt schon das Äußere dieses Gasthofes, und behaglich ist es, läßt man sich in der Diele oder im Stüberl neben der Küche nieder, oder nimmt in den beiden mit Getäfel und

Im Gasthof »Zum Wilden Mann« in Lans herrscht echte Tiroler Atmosphäre und die Küche wartet mit besten Tiroler Speisen auf. Wirtin Frau Paula Schöpf versteht es, den Gästen die Wünsche von Augen und Mund abzulesen. In Lans sind Eile und Hast verbannt.

Decken aus Zirbelholz ausgekleideten gemütlichen Stuben Platz. Seit dem 16. Jahrhundert ist der Gasthof bei allen Liebhabern einer guten Tiroler Küche bekannt. Hier war bereits der gelehrte Anton Roschmann 1752 der erste »Sommerfrischler«.
Die Straße von Innsbruck und Wilten steigt den Bergisel hinan, alsdann führt sie beim Gasthaus »Schupfen« vorbei, einem uralten Wegmeldeamt und Gasthof, der 1809 Andreas Hofer bei den Bergiselschlachten als Hauptquartier diente. Gegenüber dem

Im Gasthaus »Schupfen« kurz vor Schönberg, das Andreas Hofers Hauptquartier während der Bergiselschlachten war, kehrte 1825 der reisefreudige Wiener Kyselak auf seiner Fahrt durch die Alpen ein und notierte: »Der gesprächige Wirt wies mir Platz und Tisch, wo Hofer mit seinen Volkshauptleuten sitzen und sich zu beraten pflegte«.

BOSCH
P

»Schupfen« steht die 1959 errichtete Gedenkkapelle Unserer Hohen Frau von Tirol. Im nahe gelegenen Schönberg, im Gasthof Domanig mit seinen Fresken von 1713, erhielt Andreas Hofer am 29. Oktober 1809 die Nachricht vom Friedensschluß des Kaisers in Wien und faßte den Entschluß, den Kampf fortzusetzen.

In **Matrei** erkennt man an den zahlreichen Wirtshäusern mit ihren schönen Schildern und teilweise bemalten Fassaden und meist uraltem Gemäuer in der Hauptstraße des Marktes die Stärke des Verkehrs auf der Brennerstraße schon im Mittelalter und bis heute. Wie etwa 1840 Beda Weber wird der Reisende auch jetzt feststellen, daß die Häuser von Matrei »fast sämtlich ein frisches und reinliches Aussehen haben«; wozu freilich die Erneuerung nach Großbränden und nach dem Bombenkrieg auch beigetragen haben. Weit zurück reichen verschiedene Gasthäuser, welche Angehörige der Familie Fuchs hatten, bei denen viele Fürstlichkeiten zukehrten, so der »Rote Ochse« und der »Goldene Ochse«. Bereits 1475 ist Bartlmä Gstirner Wirt am »Goldenen Stern«, der bis 1820 Familienbesitz blieb, heute aber stillgelegt ist.
Besonders stattlich ist das Gasthaus »Goldene Krone« mit dem prächtigen Schild, Spätrenaissance-Laubengang im Hof und zahlreichen Kunstwerken. Der 1545 aus Wasserburg am Inn eingewanderte Michael Stadler heiratete die Wirtstochter Margarete Gstirner und seitdem sind die Stadler Kronenwirte, geadelt und hoch angesehen, bekleideten vielfach die Würde des Marktrichters, Bürger- und Schützenmeisters; so

Links: Fast königlich präsentiert sich das kunstvolle Schild der »Goldenen Krone« in Matrei.

Auf spätmittelalterlichem Fundament ruht der sehr alte Gasthof »Zur Uhr«, einstiges Ballhaus mit behäbigem Walmdach und tonnengewölbter Treppenanlage.

war Franz von Stadler 26 Jahre lang Bürgermeister und Oberschützenmeister und zehn Jahre Tiroler Landtagsabgeordneter. Man möchte nicht glauben, daß bei so vielen Bränden — 1468, 1530, 1748, 1774, 1778 und 1915, und 1945 nach einem Bombenangriff, sich soviel alte Bauten erhalten haben.

Es lohnt sich, von Matrei über Aufenstein mit seiner Burgruine und Kapelle mit Fresken aus dem 14. Jahrhundert durch das Navistal zum 1340 m hoch gelegenen Dorf **Navis** zu fahren und das letzte noch bestehende Widumgasthaus Tirols zu besuchen. Als der Pfarrkurat Franz Xaver Penz 1756 die Pfarrkirche erbaute, errichtete er auch einen schmucken zweistöckigen Widums- oder Pfarrhofbau, der zugleich bis 1953 der einzige Gasthof im Ort war. Die Außenwände des Widums sind mit schwungvollen Fresken in der Art des Matthäus Günter geziert.
Im Widumgasthaus ist es erholsam und nicht zu Unrecht erinnerte sich ein Gast an das Wort von Henri Matisse: »Die Träume der Menschen, die viel gereist sind, sind reicher als die Träume der Menschen, die nie verreist waren.«
Halbwegs zwischen Matrei und Steinach steht das einstige Gasthaus »Am Grieshof«, heute Bauernhaus zum Brünneler, erbaut 1468. In ihm hielt Kaiser Karl V. 1530 nach dem großen Brand in Steinach Einkehr.

Auch in **Steinach** am Brenner kennzeichnen viele Wirtshausschilder und alte Gasthoffassaden mit Fresken und Giebeln das Straßenbild. Hier kam die bereits 1312 in Oberperfuß ansässige Familie Cammerlander durch Einheirat in die Wirtsfamilie

Von den einst zahlreichen Pfarrgasthöfen ist nur mehr der Widumgasthof in Navis bei Matrei unter geistlicher Leitung. Die reichliche Bemalung des Hauses stammt aus dem Jahre 1756.

Links: Der vertrauenserweckende Sinnspruch über der Tür zur Gaststube im Widum-Gasthaus.

Gasthaus
Widum

Nagele ins Gastgewerbe, führte seit 1539 den »Schwarzen Steinbock«, später auch die »Traube«, den »Wilden Mann« und die »Post«, nachdem Andreas Cammerlander seit 1593 die Postmeisterei und 1636 die Postgerechtigkeit in Steinach und am Brenner erhalten hatte. Jetzt haben die Cammerlander den »Goldenen Adler« in Innsbruck. Bereits 1397 werden Kaspar und Sigmund Wolf als Wirte zum »Rößl« genannt, das bis ins 18. Jahrhundert Familienbesitz blieb.
In der »Wirthstaffern an der Rothen Rosen« hatte 1703 Kurfürst Max Emanuel von Bayern Quartier genommen, weshalb noch heute der Besitzer »Bair« genannt wird. An der Fassade des Gasthofes »Rose« erblickt man das Fresko vom Malseiner Bauern mit dieser Legende: »Erinnerung an die Heimkehr der Krieger im Jahre 1631 aus der Schweiz, welche von 200 ins Feld ausgerückten Mann aus dem Gerichte Steinach nach sechsjähriger Abwesenheit noch übrig geblieben waren, darunter der

Links: Wandmalerei am Gasthof »Rose« in Steinach am Brenner: »Erinnerung an die Heimkehr der Krieger 1631 aus der Schweiz«.

Rechts: In Stafflach, wo früher eine Zollstelle war, steht das behäbige Gasthaus »Penz« mit seiner anheimelnden Stube aus der guten alten Fuhrmannszeit. Es bewahrte bis vor kurzem getreu das Aussehen jener Gasthöfe, die vornehmlich der Einkehr der Fuhrleute mit ihren schwerbeladenen Wagen dienten, wo Menschen und Tiere rasten und sich stärken konnten und es Gelegenheit zu Pferdewechsel und Vorspann gab.

tapfere Fähnrich Gallus Gogl aus dem Valser Tal, welcher bei Martinsbruck viel zur Befreiung dieses beigetragen hat, eine Riesin überwand und in den Inn warf, das eiserne Tor des Turmes an der Brücke aushob und der Riesin nach ins Wasser warf. Das Mädchen nahm einer der Krieger mit sich aus dem Schweizerland, weil er irrigerweise erfuhr, daß während seiner Abwesenheit sein Weib gestorben sei; aber welch gütiges Geschick, als das gestorben gemeinte Weib ihrem Mann entgegenkam und das Mädchen wieder zurückmußte in ihr Schweizerland.«

Die Straße steigt an nach **Gries am Brenner**, wo die eigentliche und gefährliche Steigung zur Paßhöhe beginnt. Hier lebte einst die ganze Bevölkerung vom Fuhrwerksverkehr, hier wurden in Ställen Ochsen und Pferde zum Vorspann bereitgehalten, hier wohnten Fürsetzer zur Leistung der Vorspanndienste und Schnöller und Praxer zur Bringung der schwerbeladenen Wagen über die gefährlichen Wegstrecken. Sie lebten vom Verkehr ebenso wie die Schmiede und Wagner, die Sattler und Wegmacher und nicht zuletzt die Gastwirte. Eines der ältesten Gasthäuser ist das »Weiße Rößl«. Noch gilt der alte Fuhrmannsspruch: »Zuerst kommt der Himmel, dann kommt Gries.« Einer Inschrift im Gasthaus ist zu entnehmen, daß 1455 das Gesenlehen oder auch Gut in der Ecke genannte Anwesen von den Rittern zu Matrei, Balthasar und Lorenz Trautson, in den Besitz der Kirche von Vinaders überging. Damals war Walter Ploner der Wirt, auf den 1488 bis 1737 die Müller, hernach Heinrich Na-

Ein kunstvoll gearbeitetes Rößl schmückt die Eingangstür des Hotels »Weißes Rößl« in Gries am Brenner. Das Gebäude war früher ein Fuhrmannsgasthof und stammt laut einer Inschrift aus dem Jahr 1455. Besitzer waren die Ritter Trautson zu Matrei.

Das Hotel »Weißes Rößl« in Gries an der Straße zum Brenner.

gele aus einem an der Brennerstraße weitverzweigten Wirtsgeschlecht folgten. Als 1836 Josef Aigner aus dem Abfaltersbacher Wirtsgeschlecht in Osttirol Maria Nagele heiratete, folgten die Aigner; seit 1939 gehört das »Weiße Rößl« der Familie Loch.
Als die Landsknechte unter Georg von Frundsberg über den Brenner zogen, hausten sie übel im »Weißen Rößl«: »In der Stube wurde der große Ofen mutwillig eingerissen und die Kreuzfensterchen zerbrochen. Die Kästen wurden mit Gewalt aufgebrochen und viele Gegenstände geraubt. Die schweren Tische und Stühle haben sie zerhackt und zerschlagen, ebenso Leuchter und Zinnschüsseln. Furchtbar hausten sie im Keller, wo sie die großen Weinfässer zerschlugen. Der Wein wurde ausgesoffen oder ausgelassen. Dann brachen sie sogar viele Eisentüren auf und die Truhen überall im Hause. Zum Schluß rissen sie dem Wirt den Geldsäckel von der Binde und versorgten sich mit Lebensmitteln, vor allem Käse, Brot und Schmalz . . .«

Nun geht es über den Brenner, wo vom Dach des Gasthauses die einen Wasser zur Sill und zur Donau und Schwarzem Meer, die anderen zum Eisack und Po und zur Adria herabträufeln. Auf dem Grenzstein aber steht: »Die Gewässer trenne ich, die Völker vereinige ich!«

Von da neigt sich die Brennerstraße südwärts über **Gossensaß,** in dessen Hotels seit den 70er Jahren des 19. Jahrhunderts sich Henrik Ibsen und andere Schriftsteller so wohl fühlten, nach **Sterzing,** der alten Silber- und Fugger-, Bürger- und Straßenstadt. Hier zogen 1221 die ersten Franziskaner auf dem Weg nach Deutschland durch, wie vor und nach ihnen viele Pilger und Heerzüge; kehrte im Februar 1707 Herr von Blainville »von Kälte ganz erstarrt« zu, dagegen hatte Montaigne im Oktober 1580 »eine fast unerträgliche Hitze« vorgefunden. Der 1517 durchreisende Kardinal Luigi d'Aragon bemerkte zu Sterzing, daß es »nur aus einer langen Straße besteht«. Noch heute steht als Spital das geräumige Hospiz des Deutschen Ordens, das von Hugo von Taufers 1241 gegründet und 1254 dem Orden übergeben wurde, der es als Kommende bis 1813 innehatte. Die Sterzinger Bürger wußten auch gegenüber dem Orden, der hier begütert war und die Pfarrseelsorge ausübte, ebenso wie gegenüber Gossensaß ihre Rechte im Gast-, Schank- und Rodfuhrwesen energisch wahrzunehmen. So erwirkten sie 1318 von König Heinrich die Sicherung ihres Schankrechtes durch ein Verbot, das den »teitschen Herren« untersagte »jemals wieder Wein auszuschenken«. »Nirgends im Lande ist das Problem, die Eigenschaften der guten alten Herbergen in Tirol mit dem neumodischen Firnis zusammenzubringen, so gut gelöst worden wie in Sterzing«, urteilte 1869 Noë. Wer die »lange Straße von der »Krone« im Norden und durch den Zwölferturm bis zur Elisabethkirche in Deutschhaus und Pfarrkirche im Süden durchwandert, wird wahrnehmen, daß bei allem Wachstum die an der Hauptstraße im 15. und 16. Jahrhundert entstandenen Häuser ihre Gestalt bewahrt haben und erkennen lassen, daß der rege Brennerverkehr bis heute bestimmend ist. Mit ihren Erkern, Zinnen, Fassaden und Wirtshausschildern bietet das Stadtbild entlang der langen Hauptstraße einen malerischen Charakter. Tritt man in die Gasthäuser, so überrascht die glückliche Verbindung der mittelalterlichen Bauwerke mit Bequemlichkeit moderner Gastkultur.«

In der »Krone«, angeblich im 13. Jahrhundert ein Johanniterhospiz, kehrten 1492 die venezianischen Gesandten Contarini und Pisani zu. Sie fanden, es sei dies »der größte und geräumigste Gasthof, den die Gesandtschaft bisher getroffen hat«, und Sterzing ein »außerordentlich lieber Ort«. Später nahm auch Heinrich Heine 1828 hier Quartier. Peter Seeber, der die Wirtstochter Maria Stafler von Mauls ehelichte, erwarb 1850 die »Krone«, seitdem ist sie im Besitz der Familie Seeber.

Ganz nahe ladet das Schild des »Roten Adler« und bald des »Schwarzen Adler« der Familie Mühlsteiger ein am Stadtplatz in das gemütliche Gasthaus mit seinen prächtigen Täfelungen und Balkendecke; auf einem Tragbalken von 1498 steht »Gegruesst pistu Maria«. Der »Goldene-Adler«-Wirt Hans Jöchl — mit der Inschrift 1446 am

Das Hotel »Krone« in Sterzing (links) läßt in seiner Weitläufigkeit noch viel vom alten Fuhrmannsgasthof mit seinen Stallungen und Stapelräumen erkennen. Die Gastzimmer sind mit schönen alten Täfelungen und Erinnerungsgegenständen ausgestattet.

Rechts: Ein Vorfahre der Wirtsfamilie Seeber, in deren Besitz die »Krone« seit 1850 ist.

Gasthof — und seine Söhne ließen 1469 die herrliche geschnitzte Decke im Jöchlsturm machen. Man kann all die Schilder gar nicht aufzählen, »Mondschein«, »Grauer Bär«, »Schlüssel«, die »Rose« und die »Goldene Krone« und manch anderes.
Besonders fiel August von Kotzebue auf seiner Reise 1804 in Tirol auf: »In jedem Wirtshaus findet man nun eine Taxe für Mahlzeiten, eine löbliche Gewohnheit, nur die Classifizierung der Mahlzeiten hat mir ein Lächeln entlockt. Die erste große Einteilung ist in Fleisch- und Fasttage gemacht, dann gibt es Herren-Mahlzeiten, Fuhrmanns-Mahlzeiten, Hochzeits-Mahle, und bei letzteren ist für Frauenzimmer die seltsame Einschränkung gemacht, daß sie acht Kreutzer weniger bezahlen als die Mannspersonen. Das ist übrigens sehr billig und sollte überall so sein, denn sie essen und trinken in der Tat weniger.«

Der Gasthof »Zur Lilie« gehört zu den allerältesten der Fuggerstadt. Am Torbogen der geräumigen Einfahrt für die Fuhrwerke liest man noch die mittelalterliche Inschrift: »Zw dem ulrich propauch MCCCCLXI iar«. Innenhof und Stiegenhaus sind von gotischen Gewölben umrahmt (links). In diesem Haus wohnte 1534 der berühmte Arzt Paracelsus.

»Der Weg zwischen Störzingen und Brixen ist ziemlich gut«, heißt es im Reisebericht des Herrn von Blainville 1707. »Wir verließen Störzingen am 5. Februar mit anbrechendem Tag und kamen eine Stunde danach bei dem kleinen Dorfe **Mauls** an, wo ein Zollhaus ist.« In Mauls steht eines der traditionsreichsten Gasthäuser auf dem Brennerweg im Wipptal. Die Grundlage dieses Hauses dürfte wohl so alt sein wie das 1271 im Besitz des Otto Welf gewesene Welfenstein, das sehr günstig an einer Engstelle zur Einhebung von Wegegeld liegt. Der behäbigen Gaststätte Staflerwirt »Zum Einhorn« mit seiner breiten, schräggestellten Front, den kräftigen Erkern und weit vorkragendem Dach gegenüber liegt das zugehörige stattliche Wirtschaftsgebäude. An der Front sehen wir auf der Laub-As einen aufsteigenden Falben mit gewundenem Einhorn, dessen Name seit 1757 bei dem ins 13. Jahrhundert zurückreichenden Gasthof nachweisbar ist. In frühchristlicher Zeit wurde das Einhorn als Sinnbild gewaltiger

Der Gasthof »Zum Einhorn« in Mauls der Familie Stafler soll aus dem 13. Jahrhundert stammen.

Links: Das Wappen der Stafler in Mauls. Das in Tirol verbreitete Wirtsgeschlecht Staffler — nur die Maulser schreiben sich mit einem f — stammt aus Siffian am Ritten, wo es schon 1391 genannt ist. Georg Stafler, Sohn des Klobensteiner Postwirts, heiratete 1792 die Besitzerin Walburga Nagele vom Maulser »Einhorn«. Seitdem ist der Gasthof in der 6. Generation Besitz der gleichen Familie. Innen ist das Haus mit kostbaren alten Möbeln, Kunstgegenständen und Täfelungen ausgestattet.

Kraft auf Christus bezogen, in spätmittelalterlichen Darstellungen erscheint es bei der Verkündigung Mariens, denn der Sage nach verliert es seine Wildheit, wenn es sein Haupt in den Schoß einer Jungfrau legt. Behaglichkeit und gute Einrichtung mit vielen Kunstwerken kennzeichnen die Gasträume, Säle, Gänge und Zimmer. Im getäfelten großen Saal im ersten Stock ist auch ein von Defregger gemaltes Porträt. Nimmt es Wunder, daß der italienische Marschall Cadorna bei der Okkupation Tirols 1918 sich hier einquartierte? Auch Militärs schätzen Qualität wie die reisenden Zivilisten.

Weinreben und Kastanien kündigen in der bergumrahmten Brixner Talweite bereits lindes Klima an. Die alte Bischofsstadt **Brixen,** durch ihre Kunstwerke ein Kleinod Tirols, bietet zahlreiche historische Gaststätten zum Aufenthalt und zur Einkehr an. Das Brixner Stadtrecht von 1604 kannte dreierlei Wirtsleute: 1. Taverner mit Schild oder anderem Zeichen als Gastgeber für Gäste mit Pferden und Wagen; 2. Wirte, die einen grünen Baum bei der Tür aufstellten und keine Stallungen hatten, aber Unterkunft für mindestens acht Personen in vier Betten und stets Speise und Trank verabreichten; 3. Wirte, die einen grünen Buschen aussteckten zum Zeichen, daß es zeitweilig Wein, aber nichts zu Essen und keine Betten bei ihnen gab. Von den alten Gaststätten, die in Reiseberichten seit dem 15. Jahrhundert genannt sind, bestehen noch manche, neuere sind in oft uralten Häusern der Stadt im Laufe der Zeit dazugekommen und andere in jüngster Zeit erbaut.
Im »Goldenen Adler«, wo 1512 der Gastgeber Ruprecht Halbegg auch Bürgermeister war, kehrten manche Fürstlichkeiten zu. Im »Goldenen Kreuz«, das der Hofarchitekt

Der Brixner »Elefant« ist ein stattlicher Bau und birgt in seinen schönen Sälen und Zimmern wertvolle Einrichtung. Ein Inventar von 1773 berichtet, daß die einzelnen Zimmer nicht Nummern, sondern Namen trugen, wie Hirschen-, Elefanten-, Steinbock-, Löwen-, Sonnen-, Mondscheinzimmer usw.

Im Stiegenhaus des Hotels erinnert eine große Wandmalerei an das denkwürdige Ereignis im Jahre 1551, als der Elefant des Sultans Soliman auf seiner Reise von Venedig nach Augsburg in dem schon damals existierenden Gasthof übernachtete.

Rechts: In der schön getäfelten Gaststube mit prachtvollem Barockofen.

Hans Reichle 1625 umbaute, ist bereits 1493 der »Uezenwirt am Creutz« genannt. »Exzelsior« mußte sich 1923 das »Hotel Tirol« umbenennen, der alten Wirtsstube Getäfel wurde beim Neubau in einen Saal übertragen; zuerst 1481 war als Wirt hier »Georg Anraiter an der Trinkstube« genannt. Alte Gasthäuser sind auch »Rose« und »Lamm«, »Weißes« und »Goldenes Rößl«, der »Grüne Baum«, das beliebte Gasthaus »Fink« mit seiner Menhirstube besteht in einem 1555 genannten Haus.
Das bekannteste Gasthaus weit und breit aber ist der »Elefant«, denn bereits 1419 führte hier »der alte Karg« beim Kargengut die »Herberge am Hohen Feld«. »Elefant« heißt es, seit 1551 jener berühmte Elefant nächtigte, der als Geschenk des Sultans Soliman an den Sohn des römischen Königs Ferdinand auf der Durchreise von Venedig nach Augsburg hier vorbei nach Norden zog. Die Fremdenbücher und eine Tafel im Hausgang erzählen von der Einkehr zahlreicher berühmter und hochgestellter Persönlichkeiten aus vielen Ländern. Mancherlei Fresken sind zu sehen, sowohl an Fassade wie Stiegenhaus, in einem Zimmer ein von elf kleineren umgebener großer Elefant; die Fremdenzimmer hatten früher nicht Nummern sondern Namen.
Südlich von Brixen, durch die neuen Straßenbauten abseits gerückt, steht das alte Einkehrgasthaus in der Mahr. Es ist ein charakteristisches Fuhrmannsgasthaus, breit

Der Brixner »Finsterwirt« (oben) gehört zu den bekanntesten Einkehrstätten der traditionsreichen Stadt. Er war ursprünglich ein Domherrenhaus und hat seinen Namen davon, daß hier seit 1743 die Zehentweine des Domkapitels ausgeschenkt wurden. Es durfte aber kein Licht angezündet werden und der Schank mußte mit Einbruch der Dunkelheit beendet sein.

Etwas südlich von Brixen liegt der alte Einkehr- und Fuhrmannsgasthof »Wirt an der Mahr« (links). Das schmiedeeiserne Aushängeschild mit dem Bottich und den Bierbrauerwerkzeugen wies es schon vor Jahrhunderten als Wirtshaus aus. Mit dem Bau der Autobahn wurde die Brennerstraße neu trassiert, über eine Zufahrt erreicht man den nun geruhsameren »Wirt an der Mahr«.

hingelagert, mit bis zum Erdboden reichenden Erkern und laubenartigen Vorbauten. »Wirt an der Mahr« war Anno 1809 Peter Mayr, Hauptmann des Eisacktaler Schützenaufgebotes. Wahrheit stand ihm höher denn alles und er wollte sein Leben nicht durch eine Lüge erkaufen. So starb er, fast zur gleichen Stunde wie Andreas Hofer auf den Wällen von Mantua, am 20. Februar 1810 in Bozen auf der Tuchbleiche unter den Schüssen eines französischen Exekutionspelotons.

Die Wände der Bozner Porphyrplatte engen das tiefeingeschnittene Eisacktal zwischen Brixen und Bozen schluchtartig ein. Wo Felsen und Hänge ganz nahe an den Fluß heranrücken, liegt das schon im Namen als Engstelle gekennzeichnete Städtchen **Klausen,** überragt vom ehrwürdigen Klosterberg Säben. Noch heute sieht Klausen so aus, wie es Albrecht Dürer auf seinem Kupferstich »Das große Glück« festgehalten hat und beherrschen Erker und Gasthausschilder die Enge der Stadtgasse.
Schon 1492 spendeten die venezianischen Gesandten auf ihrer Reise nach Norden der Klausener Gastlichkeit hohes Lob, namentlich dem Wirt Gosper »Zum Lamm« wegen seiner Bildung, Leutseligkeit und Rechtschaffenheit. Sie meinten, er habe Aussehen und Gehaben eines Barons. Es war gerade Fronleichnamstag und es fiel den Venezianern auf, wie festlich die Tiroler diesen feierten: »Überall waren die Straßen mit Bäumen geschmückt und Gras auf den Boden gestreut. Auf den Balkonen waren Teppiche wie Decken ausgebreitet, auch Frauenkleider, und es brannten viele Wachskerzen.«
Klausen war die ergiebigste Zollstätte des Fürstbischofs von Brixen, seit das Städtchen durch Kaiser Konrad II. 1027 an den Brixner Bischof gekommen war. Vom alten Hospiz aus dem 13. Jahrhundert steht noch die eigentümliche Sebastianskirche. Bereits 1392 wird Andreas Aufschlager als Wirt erwähnt, beim Gasthaus »Weißes Kreuz«, das 1883 Kathi Piffrader erwarb, deren Sohn, der Bildhauer Hans Piffrader, es 1931 an die Familie Nußbaumer verkaufte. Es ist bekannt durch seine Künstlerstube. Andere malerische Gasthäuser sind die 1485 erwähnte, seit 1892 von der Familie Kargruber geführte »Goldene Rose«, der 1530 bis 1775 im Besitz der Familie Jenner stehende »Bär«, die malerischen und schön eingerichteten Häuser »Zum Mondschein«, »Zur Sonne« und andere. Nicht mehr in Betrieb ist das legendenumwobene »Weiße Lamm«, aus dem 15. Jahrhundert, seit 1791 im Besitz der Familie Kantioler bis 1909, Einkehr vieler berühmter Gäste besonders seit Ausgang des 19. Jahrhunderts. Die Gastlichkeit des an Einkehrstätten so reichen kleinen Städtchens machte es in den Jahren seit 1875 zu einem »Mekka der Künstler«, die sich hier in den Gaststätten einheimateten und im »Lampl«, beim Kantioler zumal, aber auch in allen anderen Gaststätten Jahr um Jahr frohgemut aus ganz Deutschland einfanden. Heute liegt Klausen ebenso schön und freundlich wie früher. Gleich wie früher zeigten sich die enge dämmernde Stadtgasse, die schmalen Hausfronten, die Erker, die Gäßchen, die Schilder, die dunklen Läden, da und dort steht ein behaglicher Meister. Alles ist gleich geblieben, auch die lieben Gaststätten mit ihren Schätzen.

Das Städtchen Klausen hat bis heute sein mittelalterliches Aussehen bewahrt. Im Gasthof »Nußbaumer (links) gibt es noch die alte Künstlerstube mit wertvollen Bildern, einst Treffpunkt von Malern, Bildhauern und Dichtern. Ludwig Steub nannte Klausen einmal das »Rätische Capua der Geister«.

Rechts: Klausener Stadtbild, mit der »Goldenen Rose«.

F K
1921
GASTHOF
GOLD. ROSE

Ein ebenfalls weit zurückreichendes Haus ist im Grödental, dem Wunderland des modernen Tourismus unter Seiser Alm, Langkofel und Sellagruppe, der Gasthof »Post« in Wolkenstein, mit seinen alten Gewölben und gemütlichen Gaststuben. Ein Teil seiner schönen Inneneinrichtung fiel leider einem Brand zum Opfer.

In den Seitentälern und auf den Terrassen des Mittelgebirges des Eisacktals finden sich alte Gasthöfe, etwa das behäbige »Kabis«-Wirtshaus seit dem 15. Jahrhundert und nicht viel jünger der »Zellenwirt« in Villnöß; das bis 1315 in den Grundmauern zurückreichende Badgasthaus in Dreikirchen; andere in Villanders und Feldthurns und Völs. Im ladinischen Grödner Tal, diesem Wunderland des modernen Tourismus unter Seiser Alm, Schlern, Langkofel, Sella und Raschötz, seien der »Goldene Engel« und der seit 1810 von der Familie Sanoner geführte »Adler« in St. Ulrich, sowie der in fünfter Generation von der Familie Schenk geführte Gasthof »Dosses« in St. Christina erwähnt. Vom Pitscheiderhof in Colfuschg stammen die seit 1795 in Wolkenstein das Wirtsgewerbe ausübenden Pitscheider de la Cerva. Ein traditionsreiches Haus in Wolkenstein ist die »Post« mit ihrem gewölbten Eingangsraum und einem Saal mit schöner Schnitzdecke im Jugendstil.
In Kollmann südlich von Klausen war die landesfürstliche Zollstätte, durch das noch stehende Zollhaus von 1483 ging die Brennerstraße durch. Hier kehrte z. B. Montaigne am 27. Oktober 1580 zu. Ehe der Kuntersweg errichtet war, führte der Brennerweg von hier über den Rittner Berg weiter; über ihn zogen die meisten deutschen Kaiser auf ihrem Krönungsweg. Jenseits des Eisacks sieht man die sagenumsponnenen Zacken der Dolomitengipfel mit dem Rosengarten, die Heimat Walthers von der Vogelweide am Lajener Ried, die Trostburg und den Hauensteiner Forst Oswalds von Wol-

kenstein. Montaigne kehrte am 27. Oktober 1580 in Kollmann ein und notierte: »Man stellte uns bemalte Tonbecher neben solchen aus Silber im Gasthaus auf den Tisch. Die Gläser wurden mit weißem Sand gereinigt. Der erste Gang bestand aus einer recht sauberen Pfanne mit in Butter geschlagenen Eiern — also ‚Oar in Schmalz', wie man in Tirol sagt —, die mit einem eisernen Untergestell auf den Tisch kamen.«

Der Weg steigt an und führt über das so weit hin sichtbare St.-Verena-Kirchlein nach **Lengstein.** An manchen Stellen des alten Straßenzuges über den Ritten, auch auf einem Stein zu oberst einer Erdpyramide, sieht man Rillen von Wagenrädern aus dem Mittelalter. Das wuchtige Gebäude des mehr als »Schwaiger« als »Zur Sonne« bekannten Gasthauses in Lengstein mit seinen zwei Meter dicken Mauern, seiner

Der Gasthof »Schwaiger« in Lengstein, ehemals wichtige mittelalterliche Raststätte an der Kaiserstraße von Kollmann (bei Waidbruck im Eisacktal) über den Ritten.

eisenbeschlagenen Türen und dem Fresko mit dem am 12. März 1555 von Kaiser Karl V. dem Mayr zu Sulz verliehenen Wappen erinnern an die alte Bedeutung dieser Raststätte. Hier fertigte Kaiser Konrad II. 1027 die Urkunde der Schenkung der Grafschaften Bozen und Vinschgau an den Trienter Bischof Ulrich II. und am 21. August 1177 bewilligte Kaiser Friedrich Barbarossa für Lengstein die Abhaltung eines Marktes. Es hatte demnach damals viel Verkehr.

Die alte Kaiserstraße führte weiter über den Rittner Hang nach **Lengmoos.** Hier wurde 1211 für Pilger ein Spital errichtet und eine Kirche erwähnt, die beide 1220 dem Deutschen Orden übergeben wurden, der hier eine Kommende der bis heute blühenden Ballei an der Etsch und im Gebirge errichtete. Weit zurück reicht der stattliche Gasthof »Amtmann«, man kann sich vorstellen, wie wohl sich da rastende Pilger, Ritter und Fuhrleute fühlten, die von Kollmann her 680 m, von Bozen gar 875 m bis Lengmoos emporsteigen mußten.
Wohl sechzig Kaiserzüge führten über den Ritten auf der Kaiserstraße, die heute aussichtsreich dem Wanderer sich anbietet, während unten im Eisacktal der Verkehr braust. Viele gute, alte Gaststätten, nicht nur der »Schwaiger« und »Amtmann«, laden unterwegs zur Einkehr und man erkennt, warum die Bozner sich den Ritten als Sommerfrische erkoren: »Dulcis aestatis iuvat hic vitasse furorem« (Wo kannst so schön du wie hier vor des Sommers Gluten dich flüchten. Vers an einem alten Sommerhaus).

Eisenbeschlagene Türen, wuchtige Gewölbe und das 1555 verliehene Wappen dokumentieren die geschichtliche Vergangenheit des Gasthofes Schwaiger in Lengstein.

Pilger, Ritter und Fuhrleute waren einst beim »Amtmann« in Lengmoos zu Gast, heute eine der beliebtesten Einkehrstätten am Ritten.

Wappen des Hauses Amtmann in Lengmoos, wo schon 1220 vom Deutschorden ein Hospiz mit Spital und Kirche geführt wurde.

Rechts: das frühere Postwirtshaus »Zum Schwarzen Adler« in Atzwang, jetzt »Mitterstieler« genannt. Der Bau reicht in seinem heutigen Aussehen auf das Jahr 1576 zurück. Mit Autobahnbau und Änderung der Führung der Brennerstraße liegt der »Mitterstieler« jetzt ruhig etwa hundert Meter abseits vom Verkehr, erreichbar durch einen Zuweg. So ist das alte Gasthaus jetzt nicht nur Raststätte, sondern lohnendes, geruhsames Ausflugs- und Einkehrziel zwischen Bozen und Brixen.

Nach Erbauung des Kuntersweges durch die 15 km lange Talschlucht durch den Bozner Bürger Heinrich Kunter ab 1314 als Saumweg für Mann und Roß und Ausbau zur Fahrstraße unter Herzog Sigismund 1480 und nochmals Ambros Sauerwein 1602, verlagerte sich der Verkehr vom Rittner Weg ganz ins Eisacktal herab. Aber noch 1487 heißt es in einem Pilgerbüchlein: »Den Kuntersweg send sie gefaren, do ist ein wildes Gefehrt ... die Reisenden mußten stehn in Sorge, daß Roß und Mann zerfiel.«

Da kam zur Rast die alte Herberge im 1270 urkundlich zuerst genannten **Atzwang** sehr gelegen. Die Atzwanger waren ein tüchtiges Geschlecht, sie waren und wurden mancherorts in Tirol Wirte. Das Wirtshaus »Zum Schwarzen Adler« und spätere Postwirtshaus, heute meist nach der vorletzten Besitzerfamilie »Beim Mitterstieler« genannt, reicht in seinem heutigen Baubestand bis 1576 zurück. Man kann nicht vorbeifahren, erblickt man es in seiner einladenden breiten Behäbigkeit mit Erkern, schmiedeeisernen Fenstergittern und schönem Walmdach, unter dem 1186 steht. Innen sieht man Gratgewölbe in den Hausgängen, eine sehr gemütliche getäfelte Stube und schöne Zimmer; darunter ist eines, in dem jeder Atzwanger seine Hochzeitsnacht verbringen mußte.

Von Peitschenknall und Pferdewiehern erfüllt war zur Fuhrmannszeit Atzwang, einem stetigen Kommen und Gehen. Der Postmeister hatte 48 Gäule im Stall stehen, soweit man die Straße übersehen konnte, standen die Wagen und die großen Gaststuben reichten kaum für alle einkehrenden Fuhrleute. Der Postmeister und Wirt hatte mehr als ge-

Die Bozner Bindergasse, seit jeher die klassische Wirtshausgasse der Stadt.

nug zu tun. Als dann 1867 der erste Zug mit seinem Dampfroß pfiff, wurde bald vieles anders. Von der Bahnhaltestelle wie von der Brennerstraße ist der nun verkehrsruhig liegende „Mitterstieler" leicht erreichbar, einladend heute wie einst.

Bozen öffnet sich gastlich dem Reisenden, zu allen Zeiten stand die Stadt an der Talfer im Zeichen der Gastfreundschaft. Der Dominikanerpater Felix Faber aus Ulm lobt 1483 zwar die Qualität des Weines und der Früchte, die hier gedeihen, daß alles wohlfeil und in Überfluß vorhanden sei, aber die Bozener hält er für lasterhaft und trunksüchtig und die Luft — schon vor dem Industriezeitalter — für ungesund. Besser urteilen 1492 venezianische Gesandte, 1517 Kardinal Luigi d'Aragon, 1603 von Eichow, der Bozen »ein sehr berühmtes und reiches Emporium, wo die Kaufleute aus Deutschland, Italien, Frankreich und Illyrien zusammenkommen« nennt, und der letzte Herzog von Kurland in seinem Reisetagebuch 1784: »Wir kamen endlich nach Bozen, wo ein solcher Zulauf von Menschen war, daß wir kaum aus dem Wagen steigen konnten oder in Gefahr standen, jemand zu rädern«, und dann lobt er Handel, Transportwesen, Fruchtbarkeit und Wein. Montaigne notiert 1580 in Bozen: »Der Besuch hat mir so viele Freunde gemacht, daß ich nun Bozen mit Bedauern verlasse.« Man versteht es, denn Leben, Häuser und Einrichtungen der eingesessenen Bozner Bürger sind gewählt, der Tisch ist gut bestellt, sie lieben gute Mahlzeiten und ihre Küche ist ebenso freigebig wie ihre Gastfreundschaft.

Schon im 13. Jahrhundert ist der erste Bozner Wirt erwähnt, mehr als zwei Dutzend Wirtsbehausungen nennt ein Häuserverzeichnis der Bozner Altstadt von 1497 und gar 68 waren es 1546, als man in Innsbruck kaum 30 und in Sterzing zehn Wirte zählte. Bereits 1420 finden wir die »Sonne«, deren Haus 1793 abgerissen wurde, wo 1769 Mozart, 1783 Kaiser Josef II., 1788 Herder, 1786 und 1790 Goethe abstiegen. 1514 wird das Haus »Zum Schwarzen Greifen« zuerst genannt. Als 1798 Peter Staffler aus Siffian den »Greif« kaufte, war der heutige Waltherplatz noch ganz mit Reben bestockt. Die Innerebner führten die »Weiße Gans«, dann »Zu den zwei Schlüsseln« und die »Post«, ein Mayr von Siffian den »Fiegl«, die Trafojer bis heute das 1723 genannte »Stiegl«. Wer weiß nicht um die Tradition des »Vögele« genannten »Roter Adler«, des »Zum Schlutzigen Luis« geheißenen »Unterhofer«, des 1546 erwähnten »Kreuz«? Doch genug der Aufzählung, wir wollen in die Bindergasse gehen, der klassischen Wirtshausgasse von Bozen.

In der Bindergasse reiht sich ein Gasthaus an das andere mit schönen Fassaden und alten Schildern, holzgetäfelten Stuben und bemerkenswerten Fresken. Das »Rößl« ist Absteigquartier der Sarner Bauern. Hier sieht man ein Fresko vom Bindertanz und die Verse: »Ich heiße Bindergasse, / Der Schlägel hier erklang / An Zuber, Yhr und Fasse / Gar gute Jahre lang.« Man sieht die Zeichen des »Pfau« und »Eisenhut«, erblickt »Kerschbaumer« und »Sargant« und nahe beim Rathausplatz den »Mondschein«. In der Stube kann man hier eine Rechnung des Wirtes Sebastian Mayr für den sich 1809 wiederholt mit Gefolge hier einquartierenden Andreas Hofer von 4684 fl.

Bacher

Gemütliche Trinkecke (oben) und Außenansicht des Hotels Mondschein in der Bozner Bindergasse (links).

Als der englische Dolomitenerschließer G. C. Churchill 1856 nach Bozen kam, wohnte er im Hotel »Mondschein«. Der Gast berichtete darüber: »Dieser Gasthof in einer Nebengasse hat sich mehr Charakter erhalten als mancher seiner neuesten Konkurrenten. Ein holzgeschnitztes Kruzifix, vom flackernden Schein einer Lampe beleuchtet, ließ uns auf dem Gang zum Schlafzimmer zusammenfahren. Von klösterlicher Abgeschlossenheit oder Stille war aber nichts zu merken. Schwere Wagen zogen auf ihrem Weg zum Brenner unaufhörlich vorbei, Kutschen, manche mit 12 Pferden, fuhren ab und kamen an ...«

Das »Weiße Rößl« in der Bozner Bindergasse, mit schönen Freskomalereien und einem künstlerischen Wirtshausschild mit der Jahreszahl 1587.

und 50 kr. sehen, von der nicht auszuschließen ist, daß sie bis heute nicht bezahlt ist. Die Kühle eines echten Altbozner Hauses umfängt einen, tritt man an einem heißen Sommertag in die Halle des »Mondschein«, mit ihren wuchtigen Säulen und Tragbalken. Zwischen den dunklen Holztramen des Oberbodens hat Rudolf Stolz 1923 die Felder mit Blumen, Sprüchen und Volksszenen ausgemalt. Es sind Zeugnisse hoher und volksnaher Kunst, verbunden mit dem Volks- und Wirtshausleben, und allein deshalb schon lohnt es sich, einzutreten und sich umzusehen. Hier, in der alten getäfelten Stube und im Mondscheingarten an einem Abend zechen, das ist fein.

1901

In der Bindergasse haben wir beim und im »Rößl« die urwüchsigen Sarner Bauern in ihrer Tracht gesehen. Es lohnt sich nach **Sarnthein** zu fahren, zumal neben dem Weg durchs Eisacktal von Sterzing auch der über das Penser Joch für Bozen nicht unwichtig war und ist. Vorbei beim vielbesungenen Runkelstein mit seinem Schloßgasthof führt die neue Straße mit 22 Tunnels romantisch zum Hauptort des Sarntals. Nahe der Brücke über die Talfer und der Kirche stehen Sarntheins alte Gasthöfe, der ins 14. Jahrhundert zurückreichende »Sternwirt«, der »Färberwirt«, die »Post« und der behäbige Gasthof »Zum Hirschen«, mit schönen Fenstergittern, Gewölben im Flur und einer berühmten gotischen Balkendecke, aber die Täfelung ist erst hundert Jahre alt. Die Sarner gelten als der eigenartigste Volksschlag in Tirol, sie sind richtige Bauern voll Klugheit und Mutterwitz. Richard Staffler erzählt: »In einem noblen Bozner Gasthaus sitzt ein Sarner. Da fangen in seiner Nähe zwei Stadtlinger an, von der Seelenwanderung zu reden und daß halt die abgeschiedenen Seelen in Tierleibern weiterleben. Der Sarner lost zu, kann sich aber plötzlich nimmer halten und sagt: ‚Jetzt wundert's mich nimmer, daß meine zwoa Öchslar nimmer ziech'n, werd'n schun a so zwoa hearische Teifl drin sein.'«

Südtiroler Adelsparadies nennt man das Überetsch wegen seiner zahlreichen Burgen und schloßartigen Ansitze. So mancher stattliche Weinbauernhof ist einst Weingut eines Hochstifts oder Klosters gewesen. Die Pilger und eiligen Reisenden, welche den Obe-

Der Gasthof »Zum Hirschen« in Sarnthein wird schon 1494 urkundlich genannt. Die alte Stube trägt eine kunstvoll gearbeitete, gotische Balkendecke. Den Hausflur schmückt ein naiv gemaltes Bild, in dem sich der Kunsttischler Lobis verewigte (linke Seite).

ren Weg die Etsch herabkamen, kürzten den Weg gegen Süden, unter Vermeidung von Bozen, durch das Überetsch ab. Auch hier entstanden bald Gaststätten, so der Gasthof »Rößl«, in **Girlan,** seit 1652 im Besitz derselben Familie, schon 1415 als »Gasthof zum Reiter« genannt, und auch der »Zum Goldenen Hirschen« ist nicht viel jünger. Bereits 845 als Marcha ist der einstige Steingadener Weinhof und heutige Neustifter Stiftsgasthof »Marklhof« genannt.
Ebensogut sind die vielbesuchten Weingasthöfe, die ihren köstlichen Eigenbauwein ausschenken und aufzutischen wissen. Sei dies der alte »Rungghof« am Rande des Montiggler Waldes oder der »Stroblhof« mit seinem herrlichen Naturgarten nahe den Eislöchern in der Nachbarschaft der Khuenschen Schlösser Gandegg und Englar in **Eppan.** Die Überetscher Weine wetteifern mit den Kalterern und die Törggelebrüder ziehen von einem zum anderen Weinhof.

Mag mancher Gasthof ein wenig versteckt liegen, das prächtige Schild zum »Weißen Rößl« in **Kaltern** kann keiner übersehen. Hier starb, wie ein altes Bild im Hause zeigt, 1662 Landesfürst Erzherzog Ferdinand nach einem Unfall bei der Eberjagd am Kalterer

Der Neustifter »Marklhof« in Girlan (links) und der »Stroblhof« in Eppan gehören zu den ältesten Einkehrstätten des Überetsch. Rechts: Das weitbekannte »Weiße Rößl« in Kaltern, seit 1903 Besitz der Familie Ambach.

CAMERE
ZIMMER

See. Im 18. Jahrhundert erwarb die Familie Röggla das Gasthaus und 1903 kaufte es Franz Ambach, dessen Enkel jetzt das »Weiße Rößl« führen.

Nicht weniger als fünf Gaststätten stehen um den Hauptplatz der Unterlandgemeinde **Auer** am Fuß des sagenumwobenen Rabenkofels mit der Ruine Castelfeder und dem Kiechelberg mit dem einstigen Weinhof der Sonnenburger Benediktinerinnen. An der Einfassung des Rundbogentores des Gasthauses zum »Elefanten« ist die Hausmarke T K mit der Jahreszahl 1600 eingemeißelt. Nach einem Brand 1634 wurde das Gasthaus wieder aufgebaut. Der weitbekannte Gasthof wurde 1944 und 1945 durch Fliegerbomben beschädigt und schließlich zerstörte ihn am 12. Jänner 1959 ein Brand zum Großteil. Bei der Erneuerung wurde auf die traditionelle Fassade Bedacht genommen.
Der Name »Elefant« ist in Auer nicht so alt wie in Brixen, wo er 1551 mit der Einkehr des ersten Elefanten in Tirol entstand, aber auch die Namengebung in Auer bezieht sich auf diesen Elefanten. Noch ist unerforscht, seit wann die Gastwirtschaft besteht, die Abkürzung T K könnte sich auf einen 1673 gestorbenen Tobias Killing beziehen. Sicher geht aus Urkunden hervor, daß 1690 Michael Pühler Besitzer des damals »In der Hilben« geheißenen Gasthauses war. Über die Herkunft des Namens

Das Wappen der Familie Bonell, Besitzer des »Elefant« in Auer. Auf der Einfassung des einstigen Rundbogentores sind die Initialen eines vormaligen Besitzers T.K. und die Jahreszahl 1600 eingemeißelt.

Der Gasthof »Elefant« wurde im Zweiten Weltkrieg durch Fliegerbomben schwer beschädigt, 1959 wütete außerdem ein Brand. Gerettet konnten u. a. das Wappenbild und die Gemälde der Großeltern des heutigen Besitzers Richard Bonell werden (rechts).

Der Gasthof »Elefant« in Auer blickt auf ein Alter von über drei Jahrhunderten zurück.

wurde gerätselt, wahrscheinlich kommt er von den vielen Ulmen, die hier standen, im Volksmund Ilben. Tatsächlich ist von der im 18. Jahrhundert durch mehrere Generationen das Gasthaus besitzenden Familie Dorfner, die aus Salurn stammte, 1806 ein Georg Dorfner als »Ylbenwirth« erwähnt. Die Dorfnertochter Regina Klara heiratete 1793 den »Rosen«-Wirt zu Auer Franz Waldthaler. Als Besitzer folgt auf die Dorfner die Familie Spiß-Schraffl. Erstmals 1865 erscheint bei Johann Spiß-Schraffl die Bezeichnung »Elefantenwirt«. Alois Spiß ehelichte 1861 Johanna Bonell, die als Witwe 1911 den »Elefanten« ihrem Neffen Wilhelm Bonell verkaufte, dessen Sohn ihn heute führt. In der Hotelhalle ist zu lesen: »Einst kam ein grosser Elefant vom Süden her in unser Land, in diesem Haus kehrt er ein und aß und trank viel guten Wein. Gesättigt zog er wieder weiter.«

Aus dem rechtsufrigen Überetsch führen Verbindungswege zum linksufrigen Auer und nach dem südlicher liegenden **Neumarkt.** Aufgebaut nach einem zerstörenden Hochwasser 1222 wurde der alte Ort »Zu dem neuen Markt« genannt. Von Bischöfen und Landesfürsten erhielt Neumarkt ein Warenbeförderungsprivileg mit Niederlagsrecht und wurde Rodstätte. Die Aufschrift »Ballhaus 1372« erinnert daran. Es erhielt 1309 Bürgerrechte und 1372 Recht der Richterwahl. An Straße und Etsch wurden Zölle er-

Auf seinem Weg 1810 nach Mantua verbrachte der von den Franzosen gefangene Andreas Hofer eine Nacht in Neumarkt.

Der »Zirmerhof« in Radein, vielbesuchter Berggasthof mit reicher Tradition.

hoben, seit 1216 schon für die Etschflößerei, 1305 wird eine Brücke über die Etsch erwähnt, die auch schwerste Frachtwagen trug. Hier kehrte 1483 Felix Faber zu, »wo wir der Pferde wegen in einem Gasthaus« blieben. Damals gab es wohl mehr Gasthöfe als heute in Neumarkt, das mit seinen Laubengängen und erkergeschmückten Fassaden an die Wohlhabenheit der Zeit der Fuhrmannseinkehr, Warenniederlage und Etschflößerei erinnert. Im 16. Jahrhundert luden gastlich »Zum Stern«, »Zu der Niderleg«, »Am Engel«, »Zum Adler«, »Zum Lampl« und »An der Kronen« zur Einkehr.

Auf der Höhenlandschaft von **Radein** vor Schwarz- und Weißhorn und Jochgrimm mit den schönen Bergbauernhöfen in weitschauender Lage steht in 1560 m Höhe der

Zirmerhof, in dessen Gästebüchern berühmteste Namen aus der Welt der Wissenschaft, Kunst und Literatur zu finden sind. Auf einem Stein am Kamin liest man »Oberrainhoft 1602«. Von dem getäfelten Hausflur tritt man in die schöne Bauernstube mit alten Einrichtungsstücken. Erstmals im Kaufvertrag des Peter Wieser von 1813 kommt der Name Zirmerhof vor, der ihm wohl wegen der prächtigen Zirbelkiefern ringsum zuteil wurde. Die Enkelin des Peter Wieser ehelichte den Bozner Kaufmann Josef Perwanger und beide machten den Bergbauernhof zu einer bald weit bekannten Gaststätte, die sein Sohn Josef und dessen Frau Hanna zu einem beispielhaften tirolischen Gasthof gestalteten. Nun ist bereits der Enkel hier Zirmerwirt und sein Bruder Hans baute den »Berghof«, in dem eine kostbare gotische Stube aus einem indessen abgerissenen Jagdhaus der Grafen von Enn eingebaut ist.

In der getäfelten Bauernstube des Zirmerhofes (links) schaut ein prächtig geschnitzter Gottvater (Pacherschule) auf den Ecktisch herab. Den großen Speisesaal des Hauses zieren Freskomalereien des Südtiroler Malers Rudolf Stolz.

Wir blättern in den Gästebüchern und finden die Namen der Nobelpreisträger Erwin Schrödinger, Hans Speemann, Hans Meyer, Max Planck, weiter von Bischof Wilhelm Stählin und Wurm, der Professoren Ferdinand Sauerbruch, Georg Kerschensteiner, Anton Chroust, Heinrich Lammasch, Carl Voßler, Felix Ehrlich, Reinhard Dohrn, Wilhelm Wundt, Eduard Wechsler, Alexander Cartellieri, Kurt von Raumer, Wolfgang von Buddenbrock, Ernst Buchner, Romano Guardini, Musikkritiker Edmund Hanslick, Kommerzienrat Franz Kupferberg, Giangiacomo Feltrinelli, Verleger Hanfstängel, Dichter Eugen Roth, Architekt Albert Speer, Bildhauer Gerhard Marcks, Generalmusikdirektor Rudolf Siegel und Otto Volkmann, zahlreicher hoher Beamten, Hitlers Opfer Hans von Haeften und Adam von Trott und Solz, weiter vieler Adeliger, General Fritsch, die Familie Mendelssohn-Bartholdy und andere interessante Eintragungen. Ein wahrhaft historischer Gasthof.

Der Blick vom Zirmerhof faßt in weitem Rund die über Reggl- und Tschögglberg ragenden Gipfel der Dolomiten, Sarntaler, Stubaier und Ötztaler Alpen, über der Hochlandschaft des Nonsberges die firnbedeckten Gipfel der Ortler-, Brenta- und Presanellagruppe und die Trentiner Berge, und schaut hinab in das Etschtal.

Oberer Weg

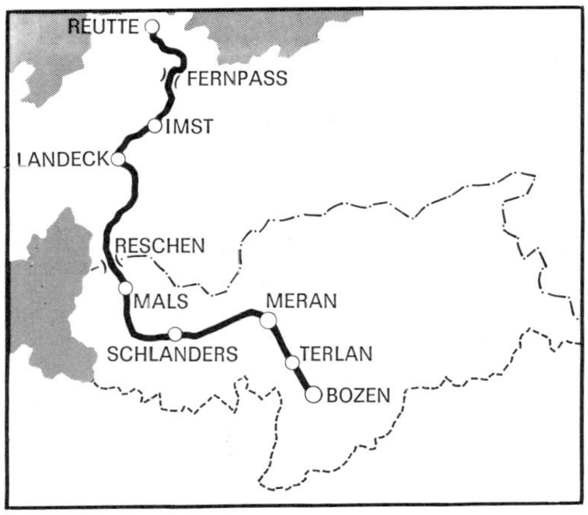

Nicht immer dominierte die Brennerstraße im Nord-Süd-Verkehr; denn ist der Brenner auch die niedrigste Einsattelung der Alpen, so war die wilde Eisackschlucht lange unwegsam. So war der von den Tirolern »Oberer Weg« genannte Straßenzug zwischen Po und Donau zeitweilig begangener als die Brennerstraße. Zwischen dem heutigen Ostiglia am Po und Augsburg, damals Augusta Vindelicorum, und Submuntorium an der Donau war der Wegverlauf der Via Claudia Augusta, der Vorläuferin des »Oberen Weges« lange weitgehend unbekannt.

Heute weiß man, daß die Via Claudia auf dem von Drusus bei der Eroberung Rätiens 15. v. Chr. begangenen Weg im Jahre 46 n. Chr. von Kaiser Claudius durch das Etschtal über den Reschen nach Landeck und weiter über den Fernpaß zur Donau in einer Länge von 385 Meilen ausgebaut wurde.

Von Norden her kommt der im Mittelalter erweiterte Obere Weg von Kempten oder Füssen her in die Weite des Lechtales bei Reutte. Vom Außerfern führt er durch die Grenzsperre der Ehrenberger Klause und zum 1209 m hohen Fernpaß, dann senkt er sich nach Nassereith. Durchs Gurgltal zieht die Nachfolgerin der Via Claudia Augusta nach Imst und weiter im Oberinntal westwärts bis Landeck, wo die Arlbergstraße einmündet. Heute ist die Straße von Vils und Reutte her bis zur Staatsgrenze am Reschen im Ausbau zur Schnellstraße, die vom süddeutschen und weiteren nördlichen Raum über Südtirol mit einem Durchstich des Stilfser Joches ins Veltlin und in die Lombardei und seine Hauptstadt Mailand führt. Im wachsenden Verkehr kommt dem Oberen Weg eine große Bedeutung zu, weil die Brennerroute überlastet ist. Aus der schönen Oberinntaler Gegend hebt sich die Straße in kühner Anlage durch die Sperrforts Finstermünz und Nauders zum 1510 m hohen Reschenpaß.

Bei den Etschseen an der Malser Haide eröffnet sich das überwältigende Ortlerpanorama. Der Obere Weg senkt sich im Etschtal durch die archaische, strenge, an alten Kulturdenkmälern reiche Landschaft des Vinschgaues nach Meran, ins Burggrafenamt und dann weiter nach Bozen, zum Überetsch und Unterland, zum Brennerweg.

»Es gibt wenige Orte in Tirol, die von Anfang an so anheimeln wie **Reutte«,** schrieb 1869 Heinrich Noë. »Wer längere Zeit bleibt, empfindet den Eindruck mit jedem

Die Fassade der »Goldenen Krone« in Reutte zeigt eine Postkutsche mit Kaiser Josef II. und die Inschrift: »Ihr Gäste Rückt die Hüte, seht Hanspaul Teitschens Haus, hier stieg ein First voll Güte, der Kaiser Joseph aus, der Zweyte dieses Namens und aller Teitschen Lust, von daher Glaubt man kam es, daß er die Liegerstatt bei Teitsch genommen hat, der bessere August. Dort Blühen unsere Felder, dort Grünten unsere Hainen, die Frichten kamen belder, August traf im Juli ein. Herunter bis von Thron, kam er zum Krohnen Wirth, der Kaiser ziert die Krohne, die sonst den Kaiser ziert. Und merkt er kam Gefahren, von hier aus Ritt er fort, Weil seit mehreren Hundert Jahren schon Reitti hies der Ort. Den 28. Juli MDCCLXXVII.«

Tag angenehmer. Viel mag dazu der Mittelpunkt beitragen, den die gebildeten Einwohner für ihren Verkehr im Postgasthaus finden, dessen Besitzer selbst unter seinen Standesgenossen im Bergland schwerlich seinesgleichen hat an Eigenschaften, welche der Fremde am gefälligen und unterrichteten Wirt schätzt.«

Der breite Bau der »Goldenen Krone« in Reutte.
Aus dem Allgäu kommend lobte 1869 Heinrich Noë die angenehme Tischgesellschaft und die tirolischen Wirte in Reutte als »mitteilsame, landeskundige und entgegenkommende Männer«.

Rechts: Das Postwirtshaus »Zum Weißen Rößl« in Heiterwang, in dem Kaiser Josef II. und der Bayernkönig Ludwig II. verweilten.

Der hier gerühmte Wirt war wohl einer aus der Familie Angerer, die aus Kempten stammte und seit 1789 auf dem alten Gasthof zum »Goldenen Greifen« in Reutte eingesessen ist, die zugleich Postwirte und Postmeister waren; außerdem hatten die Angerer das Gasthaus am Fernstein. Andere schöne und bekannte alte Gasthöfe in Reutte sind, meist durch bemalte Fassaden auffallend, der »Goldene Hirsch«, der »Schwarze Adler«, das »Lamm«, die »Glocke«, die »Rose«, der »Mohr« u. a.
Das schöne Giebelhaus mit dem prächtigen Schild »Goldene Krone« zeigt an seiner Fassade im Fresko die Madonna auf der Mondsichel, welche der Schlange den Kopf zertritt und darunter eine Postkutsche, in der Kaiser Joseph II. sitzt.

Die heutige Straße führt oberhalb der Ehrenberger Klause vorbei, die den Schmalkaldenern, Moritz von Sachsen und den Schweden widerstand, aber 1703 von den Bayern erobert wurde, und senkt sich hinab gegen **Heiterwang,** wo das Postwirtshaus »Zum Weißen Rößl« der Familie Vilser sein Schild herausgestellt hat. Die Fassade zeigt unterm Giebel im Fresko aus dem 18. Jahrhundert, umgeben von zwei Engelpaaren, Glaube, Hoffnung und Liebe, darunter Maria im Sternenkranz und über der schönen Türrahmung ein an den Besuch Kaiser Josef II. 1777 erinnerndes Bild. Auch der Bayernkönig Ludwig II. weilte gerne hier. 1869 notierte Heinrich Noë, »der Wirt schwärmte für die alte Zeit. Vorüber ist für ihn die lustige Zeit, in welcher es

jeden Herbst fortging ins lustige Etschland, um Wein zu holen. Jetzt schleppt ihn der Spediteur ins Haus und der Geschäftsvorwand zur fröhlichen Ferienreise ist dahin.«

Schon um 1020 war im unteren Loisachbecken »Larinmoos« besiedelt und die Einwohner der Ortschaft »Garten ennt des Vern« zinsten laut landesfürstlichem Urbar von 1406 nach Imst. Seit Maximilian I. bestand in **Lermoos** eine Poststation sowie Rodstätte mit Ballhaus und ein Salzstadel. Tobias Jäger aus Bichlbach kaufte 1702 von den Töchtern des Veit Gäßler ihre Wirtsbehausung. Er hatte 17 Kinder und deren Nachkommen waren auch weiter alle sehr kinderreich. Bald kam zum Gasthof »Post« der »Neuwirt«, »Zum Gemsbock«, »Felsenheim«. Durch Heirat wurden viele Söhne und Töchter der Familie Jäger in anderen Orten Wirte bekannter Häuser und heirateten so manche Töchter bekannter Wirtsfamilien Tirols nach Lermoos.
Aus dem »Neuwirt« wurden die »Drei Mohren«, heute ein modern geführtes Haus, im Besitz von Dieter Künstner. Unterm Giebel zeigt die Fassade den Tiroler und Reichsadler und schöne Bemalung.
Auf dem Fernpaß lädt das nach Kriegszerstörung 1945 wiederhergestellte Gasthaus »Fernstein« zur Einkehr ein. Am südlichen Fuß des Passes, in **Nassereith,** konnte man im ins 16. Jahrhundert zurückreichenden Gasthof der Familie Sterzinger im 18. Jahrhundert nach Tischen abgestuft speisen. Es kostete damals am Herrentisch

Das Aushangschild des Gasthofes »Drei Mohren« in Lermoos ist eines der schönsten am ganzen Oberen Weg. Originelle Mohrenbilder schmücken außen den Erker.

HOTEL

24 Pfennige, an der nächsten Tafel 18 Pfennige und am Gesindetisch mit Angestellten des Wirtes 12 Pfennige. Der Wirt ging mit einem Zahlbrett herum.

Imst, eine Tiroler Urpfarre des 8. Jahrhunderts, hat seit jeher große Verkehrsbedeutung. Schon 1495 führte hier eine Postlinie vorbei. Der Gasthof »Sonne« wird 1645 als »Friedelsche Wirtstaverne« erwähnt und kam 1744 in den Besitz der ihn bis heute führenden Familie Schweighofer. Hier traf Papst Pius VI. auf seiner Deutschlandreise 1782 mit Kaiser Joseph II. zusammen. Der Ansitz Sprengenstein der Herrschaft Petersberg, seit 1635 im Besitz der Postmeister Freiherrn von Wörz, Poststation und Gasthaus zum »Goldenen Adler«, Herberge, Einkehr, Pferdewechsel und Vorspann, ist heute das stattliche, geschmackvoll eingerichtete Hotel »Post«, geführt von Frau Grete Grissemann.

Im Oberinntal geht es weiter über **Landeck,** wo die Arlbergstraße einmündet, und man kurz im »Schwarzen Adler« neben dem 1596 prachtvoll bemalten heutigen Geschäftshaus, das laut Inschrift auf einem alten Gewölbetram von 1412 ursprünglich Fuhrmannsgasthaus war, zukehren kann. Ein Vers aus der Zeit des Rodfuhrwesens lautet: »In Landegg fahr'n wir weg, / Prutz ist nit viel nutz. / Nauders ist ein Ort des Schauders. / Mals ist noch nit all's. / In Schlanders wird's schon anders. / In Meran fängt's Paradies an.«

Das Hotel »Post« in Imst (links), einst Ansitz Sprengenstein, dann Poststation, ist ein sehr geschmackvoll eingerichtetes Haus. Der ehemalige Edelsitz mit Türmchen besitzt gotisches Netzwerk in den gewölbten Gängen und schön geschmiedete Gitter und Türen.

Nächste Seiten: Das Inntal zwischen Landeck und Ried, eine landschaftlich reizvolle Stelle des Oberen Weges.

1590
ROSE

Von Ried im Oberinntal lohnt sich ein kurzer Abstecher zu dem auf einer Sonnenterrasse gelegenen Dorf **Ladis,** durch das einst die Römerstraße führte. Durch den Gerichtssitz der am Dorfrand gelegenen Burg Laudeck hatte das heute abgelegene Dorf eine Bedeutung, die sich in seinen architektonisch reizvollen Häusern mit den bemalten Fassaden offenbart. Nebeneinander stehen mit reicher Freskierung ihrer Fassaden das Gemeindehaus und der Gasthof »Zur Rose«. »Ich Hans Marckhl hab erbautt dass Hauss mitsambt meiner Haussfrau Kristina geborene Han.«

Bei **Stuben-Pfunds** verengt sich das Tal. Hier hatte sich 1498 Kaiser Maximilian im Turm an der alten Brückenbefestigung eine Wohn-, Schreib- und Empfangs- sowie eine Schlafkammer einrichten lassen. Auf dem mit Rokokomalerei gezierten Turm, der zeitweilig später Gaststätte war, sieht man noch Löcher und Schmiege der Torbalken und Schießöffnungen. Hier ist auch das Geburtshaus von Johann Michael Senn, dem Dichter des Liedes vom roten Tiroler Adler. Mitten in Pfunds liegt der stattliche Gasthof zur »Post«. Stuben-Pfunds mit seinen schmucken Gasthäusern, Werkstätten und Stallungen bietet noch heute das fast unveränderte Bild einer vom Straßenverkehr lebenden Siedlung vor dem Eintritt ins Engadin und Aufstieg von der Kajetansbrücke über Finstermünz zum Reschenpaß.

Links: Der Gasthof »Zur Rose« in der kleinen Ortschaft Ladis oberhalb Ried. Die reiche Bemalung zeigt ein gesatteltes Pferd als Wirtshauszeichen, lustige Tierszenen und Fabelwesen aus dem Jahr 1590, sowie religiöse Szenen von einem anderen Maler von etwa 1610.

Rechts: Das modern ausgebaute Hotel »Post« in Pfunds reicht in das frühe 17. Jahrhundert zurück.

Hat man die treffend Finstermünz genannte düstere Strecke vom Inntal hinauf nach Nauders überwunden, ist die Landschaft wieder freundlich und weit. Überm aufgestauten Reschensee kommt man an St. Valentin auf der Haide vorbei. Wie notwendig bei den stets hier wehenden Winden und Schneeverwehungen das 1140 von Ulrich Primele gestiftete Hospiz war, von dem es heute keine Spur mehr gibt, ist verständlich.

Unter der mächtigen Benediktinerabtei Marienberg, einer richtigen Gottesburg, breitet sich beiderseits der jungen Etsch das schöne Dorf **Burgeis,** das mit seinem Ortsbild vorweist, wie man den alten Dorfcharakter, bei aller Aufgeschlossenheit für zeitgemäße Notwendigkeiten, ohne museal zu werden erhalten kann. Es laden die stattlichen alten Gasthöfe zum »Mohrenwirt« und »Weißes Kreuz« mit schönen Wirtshausschildern. Des Mohrenwirtshauses Freitreppe und seine und andere Fassaden mit Barockfenstern zeugen vom dörflichen Kunstsinn.

Der schöne Markt **Mals,** 1565 auch als Siebenkirchen bezeichnet, im Ortsbild noch heute von fünf Kirchtürmen bestimmt, ist seit alters ein wichtiger Rastort an dem

In Burgeis ladet der stilvolle Gasthof »Zum Mohren« zu freundlicher Einkehr ein. Auf dem anmutigen Dorfplatz plätschert ein schöner Michaelsbrunnen.

Im Dorfbild von Mals fällt die Vielzahl alter Gasthöfe und Edelsitze auf. Der Gasthof »Einhorn« gehört zu den ältesten.

Oberen Weg. Die karolingische Benediktskapelle ist ein frühes Zeugnis dafür. Das tiefer gelegene mauerumrahmte Städtchen Glurns wurde von Mals überflügelt. Die Gasthäuser zählen zu den schönsten Häusern in Mals. Auf dem Gasthof »Post« steht im Wappen noch Gastgeb für Wirt. Schön sind die Wirtshausschilder des seit 1575 bestehenden »Greif«, der zeitweilig »Hofwirt« hieß, der »Krone«, des »Grauen Bären«, »Weißen Rößl«, des »Einhorn«, auf dem ein Wappen mit Einhorn und der Inschrift Hieronimo Feirtag sich findet. Der »Hirschenwirt« Josef Stecher war 1809 ein Freiheitskämpfer und Adjutant des Majors Teimer, Bürgermeister und Verordneter zum ständischen Ausschuß, wie eine Gedenktafel an der Außenwand des »Hirschen« bekundet. In Mals kehrte auf seiner Vinschgauer Reise 1843 Ludwig Steub zu: »Bei uns im Stellwagen wurde es immer finsterer und so hatte wohl jeder seine Freude, als wir in die engen Gassen von Mals einfuhren und endlich im Wirtshaus landeten, wo schon die Forellen unser warteten. Bald gingen wir zu Bette . . . Am anderen Morgen war früh lärmendes Leben im Wirtshaushof. Zwei Stellwagen wurden gepackt, angespannt und fertig gemacht.« Mals ist Ausgangspunkt zur Besichtigung von Glurns und Laatsch, Taufers und Müstair mit den karolingischen Stiftungen, der Churburg, des Matscher Tals und des Tartscher Bichls.

CERVO
HIRSCHEN
VERANDA
TERRASSE
P

In **Schlanders,** im mittleren Vinschgau, begegnen uns die ersten Reben und Kastanien und ringsum breiten sich Aprikosenhaine. Die Rauheit des oberen Vinschgaues ist gedämpft. Hier hatte der Deutsche Orden von 1235 bis zur napoleonischen Zeit ein Hospiz und eine Kommende. Die in Reisebüchern der vorigen Jahrhundertmitte empfohlenen Gasthöfe »Schwarzer Adler«, »Weißes Kreuz« und »Zum Widder« mit einem schönen Marienmedaillon von Gregor Schwenzengast, haben wahrlich nichts von ihrem Ruf eingebüßt. Hier im Vinschgau sind die Vinschger Laibln berühmt, und es heißt, daß dieses Brot am besten im von Schlanders nicht weit entfernten Latsch gemacht werde. Über sie schrieb Steub 1843: »Man hält sie erst für lecker, wenn sie ganz trocken sind. Sie werden dann überm Knie gebrochen oder mit dem Messer zerhauen und in kleinen Brocken aufgetragen.«

Nicht nur durch seinen alljährlichen Schaftrieb zur Sömmerung auf den Venter Almen ist der Übergang über die Gletscher der Ötztaler Alpen zwischen dem Schnals- und Venter Tal bekannt. Auch zu anderen Zwecken wurde dieser hohe und schwierige, gefährliche Übergang am Nieder- und Hochjoch nicht selten begangen. Heute kann man bereits mit Kraftwagen bis an die Talschlüsse im Schnals- wie im Venter

Links: Der Hirschenwirt in Mals war 1809 ein Freiheitskämpfer an der Seite des Sandwirts. Eine Gedenktafel erinnert daran. Unten: In Schlanders gehört der »Schwarze Adler« zu den historischen Einkehrstätten des Vinschgaues.

Tal fahren, in denen Tirols höchste Bauernhöfe liegen, Höfe mit erheblichem Viehstand und großen Grundflächen. Im Schnalstal bestand seit 1326, gegründet von König Heinrich, das Kartäuserkloster Allerengelberg, in dessen Mauern sich nach der Aufhebung 1782 das Dorf Karthaus bildete. Aus der ehemaligen Kirche und dem »Hoher Stock« genannten Priorat wurde ein Gasthaus.

Unser Frau in Schnals besitzt im Gasthof »Goldenes Kreuz« mit seiner uralten Bauernstube aus Zirbelholz und dem Gasthof »Zum Hirschen« mit Viereckerker und der Jahrzahl 1560 zwei hervorragende Bauerngasthäuser. »Wir kamen in die liebliche Au zu Unserer Lieben Frau in Schnals«, schrieb 1843 Ludwig Steub. »Wir traten mit stolzen Schritten ins Wirtshaus, wo um den großen runden Tisch der Stube sieben oder acht kräftige Zecher saßen. Das Wirtshaus hat alle unsere Erwartungen übertroffen. Seppele, der junge 21jährige Wirt, trug uns das beste auf, was er hatte, nämlich frischen Braten vom Fleisch des Gstrauns. Überdies hatten wir einige andere Zuspeisen und vortrefflichen Wein. Am anderen Tage bereitete uns Seppeles Schwester noch ein vortreffliches Frühstück und der Bruder machte uns dazu die Rechnung, welche eine der billigsten war, die wir im Gebirge bezahlten.«

Uralten, schönen Bauerngasthöfen begegnet man in Unser Frau in Schnals. Im »Goldenen Kreuz« überrascht den Gast eine besonders gemütliche, mit Zirbelholz getäfelte Stube.

Ganz im Talschluß steht in 2011 m der bewirtschaftete Bauern- und Gasthof Kurzras. Mit der Entwicklung der Hänge um den Similaun zum ganzjährigen Skigebiet ist hier eine modern ausgestattete Sportlandschaft neu entstanden. Einsamkeit wurde von Hochbetrieb abgelöst.

Ganz im Talschluß vor dem Aufstieg zum Nieder- und Hochjoch und Similaun liegt der bewirtschaftete Bauern- und Gasthof **Kurzras** in 2011 m. Großartig ist das Panorama des Talschlusses und das in den hohen Regionen ganzjährige Skigebiet.

Naturns ist Hauptort des unteren Vinschgaues, berühmt durch die ältesten Fresken im deutschen Sprachraum in der Prokuluskirche aus dem 8. Jahrhundert. Es ist ein typisches Straßendorf mit zahlreichen alten Einkehrgasthäusern, von denen einige leider die ursprüngliche Schönheit durch nicht immer gefällige Modernisierungen eingebüßt haben. Ein Wandbild der Unbefleckten Jungfrau und Gottesmutter des Barockmalers Simon Ybertracher von 1751 ziert das »Weiße Rößl«, schön sind das Portal und die Gewölbe der »Rose«, der »Dorfmeisterhof«, und vor allem das in seiner Ursprünglichkeit erhaltene Gasthaus »Zum Schwarzen Adler« mit dem für eine Fuhrmannsherberge kennzeichnenden, weit vorkragenden Giebel, einer schönen Fassade mit Freitreppe, mit mächtigen Gewölben und alten Einrichtungsstücken im Inneren. Dieser Gasthof zeigt die Möglichkeit, ein altes Bauwerk ohne Schädigung des Hauscharakters und Ortsbildes zeitgemäß auszugestalten und das kostbare Erbe unversehrt zu erhalten. Außer der uralten Prokuluskirche besitzt Naturns das Schloß Hochnaturns und ist in einer schönen Wanderung die kunstreiche Burg Tarantsberg oder die hochgelegene Burg Juval zu erreichen.

Der »Adler« in Naturns, ein prächtiges Vinschgauer Fuhrmannsgasthaus.

Gasthaus zum Adler

In jüngster Zeit hat die kleine Gemeinde **Rabland** an der Schwelle zwischen Vinschgau und Burggrafenamt mit einem schönen spätgotischen Kirchlein und einstigem Hof eines Zweiges der Herren von Tarant mit Freitreppe, Spitzbogentüre, getäfelter Stube im Bauern- und offener Loggia am Herrenhaus starken Aufschwung genommen. Vor dem »Hanswirt« wurde 1952 ein römischer Meilenstein gefunden, der wichtig wurde für die Rekonstruierung des lange unbekannten Verlaufes der Via Claudia Augusta. Der Grundriß des »Hanswirt« deutet auf eine antike Anlage an dieser Stelle hin. In der ebenerdigen Stube dieser Gastwirtschaft ist das eigenartige Fresko der Eroberung einer Burg zu sehen, seltsam in seiner Technik und ungewiß in der Datierung. Der Heimatforscher Ing. Georg Innerebner hält es für eine Darstellung der Belagerung des Schlosses Tarasp bei Schuls im Engadin — wo kurze Zeit die erste Niederlassung der heute in Marienberg bestehenden höchstgelegenen Benediktinerabtei der Welt, Marienberg über Burgeis, war — durch die Eidgenossen 1612. Schloß Tarasp war seit 1464 eine österreichische Zwingburg im Engadin und gelangte erst durch Kauf nach 1652 an die Eidgenossenschaft.
Mit der letzten Talstufe, der Enge der Töll, ist die Etsch im Vinschgau vom Ursprung tausend Meter tiefer angelangt und stürzt mit einem Gefälle von weitereren zweihundert Metern in den breiten Talboden von Meran, ins Burggrafenamt. Hier war schon in der Römerzeit eine Zollstation.

Meran, erste Hauptstadt des Landes Tirol bis 1420, dessen Anfang als Kurstadt auf 1836 zurückgeht, als der schwarzenbergsche Hausarzt Dr. Josef Huber ein Buch über das Heilklima von Meran und die günstige Wirkung der Traubenkur und Ziegenmolke veröffentlichte. Bereits 1855 erschien die erste Kurordnung und rasch ent-

Aus einem ehemaligen Hof der Herren von Tarant ist der Gasthof »Hanswirt« in Rabland hervorgegangen. In der ebenerdigen Gaststube ist das eigenartige Fresko der Eroberung einer Burg zu sehen (links).

In Meran gibt es viele, seit Jahrhunderten wegen Küche und Keller geschätzte Gasthöfe. Einer von ihnen ist der geschichtlich besonders interessante Gasthof »Haisrainer« unter den Berglauben. Seine wappenverzierten Gewölbe stammen aus sehr alter Zeit.

wickelte sich Meran zu einem weltberühmten Kurort, in dem die Fürsten Europas von London bis St. Petersburg sich einfanden. »Meran vereint alles, was man Schönes wünschen kann. Dort fällt kein Schnee mehr und der Sommer dörrt nicht mehr aus. Ebene und hohe Berge, köstliches Grün und frische Wasser, alte Burgen und fröhliche Menschen. Dort möchte ich wohnen«, schrieb Helmut von Moltke am 15. Juli 1846 an seine Frau.

In Meran begegnen sich Obererer- oder Etschtalweg, Jaufen- sowie Timmelsjochweg. Im 13. Jahrhundert hatte es bereits eine Münzstätte und Leihbank, Niederlagsrecht und Straßenzwang, Gastungsmonopol, Ballhaus und Rodrechte. Unmöglich ist eine auch nur kurze Vorstellung der überaus zahlreichen Gasthöfe, Weinstuben, Hotels und Pensionen mit längerer Tradition, seien sie unter den Wasser- oder Berglauben, in den verschiedenen Straßen von Meran, Ober- und Untermais. Ein charakteristisches altes Meraner Gasthaus ist der »Haisrainer« in den Berglauben mit seiner wappengeschmückten Stube.

Vielbesungen ist Meran. Aus aller Welt kommen die Menschen, alle sind in diese Stadt voll altmodischer Grazie und frischer Lebendigkeit verliebt, wenn sie einmal mit ihr bekannt geworden sind. Die Harmonie des Überganges von einer Jahreszeit in die andere und von der Fruchtbarkeit des Talbodens über die Wein- und Obsthänge bis zu den schneebedeckten Höhen pries Stefan Zweig: »Alle Elemente der Schönheit sind nicht nur verteilt im Meraner Tal, sondern auch vereint.«

Rechts: Der Sandwirt in St. Leonhard in Passeier.

Am Jaufenweg zwischen Meran und Sterzing steht zwischen St. Martin und **St. Leonhard in Passeier** das Sandwirtshaus, in dem Andreas Hofer 1767 geboren wurde. Einst hieß es Auflegerhof, weil es ein Umschlagplatz für die Säumer über den Jaufenpaß war. Nach den Passeirer Familien Pirpamer und Hafner erwarb es 1664 Kaspar Hofer, der nach Rückkehr von einer Pilgerfahrt ins Heilige Land eine Heiliggrabkapelle erbaute. Der Urenkel Andreas Hofer mußte nach dem frühen Tod seiner Eltern als 22jähriger Mann das Gasthaus übernehmen und führte es mit seiner Ehefrau Marie, geborene Ladurner. Als Roßhändler und Branntweinkäufer kam Andreas Hofer herum, lernte viele Menschen kennen und wurde selbst eine bekannte und geachtete Persönlichkeit. So war es nicht von ungefähr, daß er die Seele der Tiroler Volkserhebung gegen die napoleonische und bayerische Fremdherrschaft 1809 wurde. Das im Besitz der Tiroler Adelsmatrik stehende »Wirtshaus am Sand« wird noch heute als einfaches Gasthaus ausgezeichnet geführt und viele Besucher besichtigen dabei das kleine Museum und die Herz-Jesu-Gedenkkapelle.
Am 4. September 1840 kehrte hier Hans von Perthaler ein und schrieb in sein Reisetagebuch: »Das ist ein hübsches, freundliches Haus. Die Passer rauscht mächtig to-

Als geachtete und beliebte Persönlichkeit wurde der Sandwirt Andreas Hofer die Seele der Volkserhebung von 1809 gegen die napoleonische und bayrische Fremdherrschaft. Seine Treue zu Heimat, Volk und Kaiserhaus bezahlte er nach siegreichen Kämpfen und unglücklichem Ende in Mantua mit dem Tode. Ein kleines Museum im Gasthof enthält Dokumente und Gegenstände aus seinem Leben.

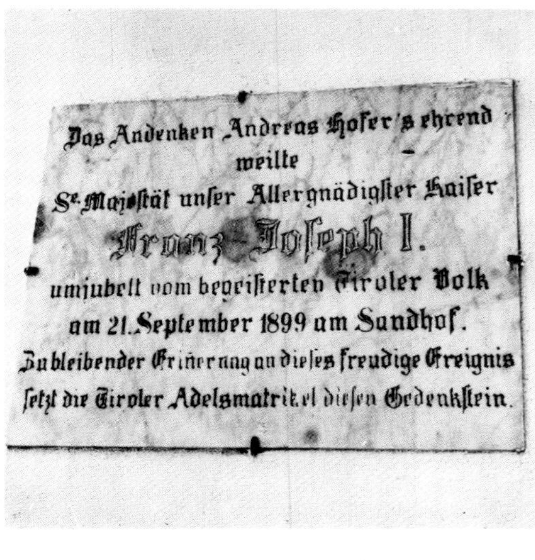

Sandwirt

send vorbei. Es gibt ein sehr schönes Fremdenbuch, in rotem Saffian gebunden. Und was sich in einem solchen Buch für eine sonderbare Gemeinde zusammenfindet! Aus allen Gürteln der Erde eine gar wunderliche Herde. Zum Beispiel ein Forstmann, der mit königlich-bayerischer Großmut singt: »Obwohl du meine Landsleut' hautest, dennoch Andreas lieb' ich dich!«
Längst sind aus den versumpften Etschmösern fruchtbare Obstwiesen und Weinberge geworden. Im Hintergrund der weiten Tallandschaft mit dem jähen Absturz des Gantkofels steigen über Porphyrwänden und Mittelgebirgsterrassen Dolomitengipfel auf und begleiten die weit ausschwingenden Höhen des Salten und des Tisenser Mittelgebirges. In jeder Ortschaft stehen altberühmte Einkehrgaststätten, zumal in der weinseligen Gemeinde **Terlan,** wo man sich entscheiden muß, ob man über Bozen oder die Überetscher Gemeinden zur Brennerstraße und ins Unterland ziehen will. Hier sind die beliebten Ausflugsgasthäuser der Bozner Feinschmecker, die Spargelgasthäuser Patauner in Siebeneich, Oberspeiser in Klaus, Huber-Schwarz in Terlan und manches andere. Hier gibt es ausgezeichnete Weine ...

Im Terlaner Ortsteil Kreut steht neben dem barocken Marienkirchlein der alte Gasthof »Engel« mit Freitreppe und kleinem Garten. Rechts: Das berühmte Weindorf Terlan am Weg durch das breite, fruchtbare Etschtal.

Arlberg-Inntal-Straße

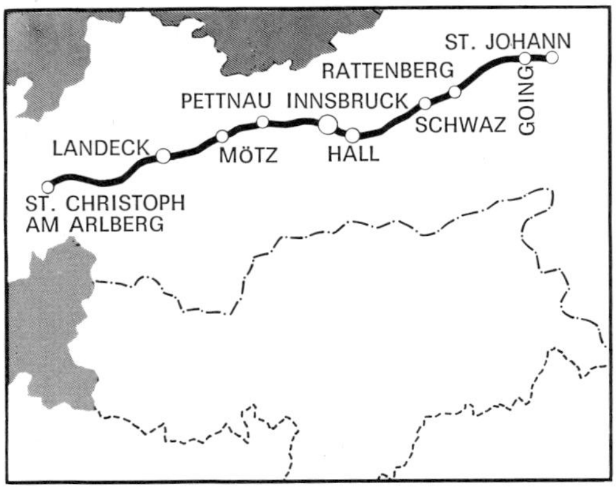

Führen Brennerstraße und Oberer Weg auf der Nord-Süd-Strecke durch Tirol, so ist die Straße vom Arlberg durch das Inntal Zubringer zu beiden und zugleich die wichtigste West-Ost-Verbindung durch Nordtirol. Der Arlberg, wenn auch schon im Altertum begangen, tritt verhältnismäßig spät in die Verkehrsgeschichte ein, man hat diese 1802 Meter hohe Wasserscheide zwischen Rhein und Donau wegen ihrer Unwirtlichkeit lieber am Nordrand der Alpen umfahren. Erst 1218 wird der Arlberg erwähnt und im 14. Jh. wurde der Verkehr über ihn lebhafter. 1414 vermerkte Leonardo Bruni als Begleiter von Papst Johannes XXIII., der auf dem Arlberg mit dem Reisewagen umstürzte: »Der Übergang über diesen von den Barbaren Adlerberg genannten Berg war noch weit schwieriger und härter als jener über den Reschen. Denn abgesehen von dem steilen Anstieg bedeckten damals die ganze Gegend Schneemassen, deren Höhe an manchen Stellen 30 Fuß betrug.« Auch heute ist die Arlbergstraße des öfteren wegen der Schneemassen und Lawinengefahr unpassierbar und die Arbeiten für einen Straßentunnel neben dem Eisenbahntunnel wurden 1973 begonnen. Das Arlberggebiet ist ein Dorado des Skisports.
Durch das herbe Stanzer Tal senkt sich die Straße nach Landeck zum Oberinntal, das sich mehrfach verengt. Landeck und Imst sind Kreuzungsstellen mit dem Oberen Weg, Innsbruck mit der Brennerstraße. Herrlich ist die Aussicht im sich nach der Einmündung des Ötztales weitenden Ober- und dann im breiten Unterinntal bis zu seinem Austritt aus Tirol und Übertritt nach Bayern bei Kufstein. Wer die schmucken Ortschaften und historischen Gaststätten besuchen will, darf nicht auf der Inntalautobahn und den Ortsumfahrungen seinen Weg nehmen.

Unwirtlich empfängt zuweilen der Arlberg, wo auf der Paßhöhe neben anderen Hotel- und Sportanlagen beherrschend der mächtige Bau des nach dem Brand in der Dreikönigsnacht 1957 modern und doch dem alten stilnah wiedererrichteten Hospizes **St. Christoph am Arlberg** steht. Herzog Leopold IV. von Österreich bewilligte »Regel und Statuten der löblichen Bruderschaft des heiligen Märtyrers und Nothelfers Christophorus auf dem Arlberg in der fürstlichen Grafschaft Tirol Brichsner Bistumbs ge-

Das Hospiz St. Christoph am Arlberg wurde 1386 gegründet. Bei Sturm und schlechtem Wetter zogen die Hospizleute aus, um durch Schreien und Rufen den in Not geratenen Wanderern Hilfe anzuzeigen.

Die Kapelle des heutigen Hospiz-Hotels beherbergt eine vom Grödner Bildhauer Rifesser geschnitzte Christophorus-Statue, eine getreue Nachbildung des 1957 durch Brand zerstörten Originals.

legen wie sie 1386 angefangen und mit Indulgenz und Ablässen begabt«. In den erhaltenen Bruderschaftsbüchern stehen vier österreichische Herzöge, 17 Bischöfe, 12 Äbte, 16 Grafen und viele andere.

»Landeck ist ein lebendiger und wohlhabender Ort«, meinte 1842 Ludwig Steub. »Es gehen hier drei vielbefahrene Straßen auseinander — die eine über den Arlberg, die zweite nach Innsbruck oder nach Füssen, Augsburg und München, die dritte über Finstermünz nach Süden. Deswegen auch mehrere große Gasthöfe, städtisch eingerichtet und mit allen erlaubten Bequemlichkeiten versehen.« Großherzog Carl Alexander von Sachsen-Weimar rühmte 1858 die malerische Lage: »Um ein Felstal liegen die Häuser herum, wie sich Vögel hie und da auf felsiges Gestein setzen.«
Neben dem »Schwarzen Adler« wird nicht minder der »Greif« auf dem Marktplatz im Ortsteil Angedair gerühmt, ein uralter Gasthof, dessen schönes Schild und die Jahreszahl 1632 auf der Fassade und behagliche Innenräume einladen. Pulst tiefer der Durchgangsverkehr Landecks, so ist es beim »Greif« ruhiger, aussichtsreich und gemütlich kleinstädtisch.

Der Gasthof »Greif« in Landeck (links) ist schon in der 3. Generation Besitz der Südtiroler Familie Straudi. Bis ins 20. Jahrhundert hinein durfte durch die Hauslaube das Vieh getrieben werden. Auch jetzt noch wird alljährlich symbolhaft ein Stück Vieh durchgeführt.

Rechts: Einer der prachtvoll getäfelten Gasträume des Hotels »Drei Mohren« in Ötz, dem Hauptort des gleichnamigen Seitentales.

Innabwärts führt die Straße über den Imster Berg, wo man ein Stück der alten römischen Via Claudia Augusta entdeckt hat, und Imst, wo der aus dem Vinschgau kommende Obere Weg zum Fernpaß abzweigt, zur Einmündung des Pitztals und Ötztals. Das **Ötztal** ist mit 60 Kilometer Länge das längste Seitental des Inns und steigt in fünf Talstufen mit fünf Talbecken hinauf zum Gurgltal, aus dem die prächtige sommerliche Panoramastraße über das Timmelsjoch ins Passeier und nach Meran führt; und ins Venter Tal, von wo Fußwege über das Hochjoch und Niederjoch ins Schnalstal und Etschtal führen. Das Ötztal reicht mitten hinein in die Ötztaler Alpen, die stark vergletschert sind und von denen Verzweigungen nach Nord- und Südtirol ausstrahlen. Nicht weniger als 123 Berge sind 3000 m hoch und darüber. Zillertal und Ötztal sind Sehnsuchtstäler aller Hochtouristen und ihre unter Eismänteln liegenden Jöcher zwischen Nord und Süd waren zum Teil seit alten Zeiten, lange vor dem modernen Tourismus, nicht unwichtige Übergänge. So ist es begreiflich, daß auch in diesen Tälern historische Gasthöfe vorhanden sind.

HOTEL
3 Mohren

Auch abseits der großen Verkehrswege gibt es an Überlieferungen und Ansehen reiche Gaststätten. Zu ihnen gehört das Hotel »Drei Mohren« in Ötz, dem wichtigen Fremdenverkehrsort des Ötztales (links).

In seinem Roman »Die Fremden« stellte Karl Domanig den Hantobias Haid als Muster eines Tiroler Wirtes dar. Das Portrait dieses Pioniers des Ötztaler Fremdenverkehrs und das seiner Frau, Vorfahren der heutigen Besitzer des Hotels, sind im Hause liebevoll aufbewahrt.

1804 heiratete Kassian Haid aus Haiming im Inntal die Wirtstochter Grießer in Ötz, sein Sohn Georg wieder heiratete die Tochter Marianne des Klosterwirts Speckbacher in Stams und der 1848 geborene Enkel Hantobias Haid baute das ererbte, zuerst 1605 genannte Wirtshaus »Kassl« um und kaufte die »Drei Mohren« und die »Alpenrose«, so daß drei seiner Söhne in Ötz ein eigenes Gasthaus erhielten, während der vierte Sohn Josef, mit Klosternamen bei den Zisterziensern in Mehrerau Kassian, dort Generalabt wurde. Sieht man in den stattlichen »Drei Mohren« mit seinen getäfelten Stuben und Zimmern die Porträts von Hantobias Haid und seiner Frau, so wird man der Tradition dieser Wirtsfamilie richtig inne und spürt, welch guter Geist in den Nachkommen fortlebt.
Versteckter steht im Ortskern von Ötz der Gasthof »Stern«, ein charakteristisches breitgelagertes Oberinntaler Bauernhaus mit reicher architektonischer und figürlicher Malerei von 1573 und geschmackvoller alter Einrichtung. Ein ganzes Bilderprogramm ließ damals der Gastgeb Christian Rott mit seiner Ehehausfrau Margarete Lechnerin

Reich bemalt und voller Romantik zeigt sich der Gasthof »Stern« in Ötz (rechts). Seine einladenden Stuben bergen wertvolle Einrichtung.

Gasthof
zum
Stern

zwischen Erkern und Fenstern auf die Fassade malen. Am Erdgeschoß sieht man einen Wagenzug und Warentransport mit Saumtieren.

In **Umhausen** notierte Steub über dem Gasthof »Zur Krone«: »Hier hat seit vielen Jahren jeder einkehrende Fremde seinen Teller voller Forellen zu sich genommen.« Schon 1460 war ein Jakob Marberger Richter in Rattenberg; hier und anderwärts sind seit dem 15. Jahrhundert die Marberger Wirte gewesen. Nach Umhausen kam 1792 Anton Marberger, dessen Nachkommen nun schon in sechster Generation Wirte an der »Krone« und deren Frauen als ausgezeichnete Wirtinnen berühmt sind. Adolf Pichler rühmte: »Wer die Schwelle überschreitet, fühlt sich daheim und wohl aufgehoben . . . Die Marberger waren auch stets beim Zeug, wenn es der Ehre Tirols galt.« Das Kronenschild lädt ein, am Erker ist zu lesen: »Jakob Marberger 1460. Katharina Holzknecht. J. Chr. Wagner. Basilia Scheiber. Agnes Kapeller.« Je nach Wetter kann man im Vorgarten oder in der Stube sitzen, an der Wand sieht man noch den 1796 gefertigten und gestempelten Kaufbrief. Im ersten Stock ist die Stube mit dem stuckierten Erker geschmückt mit 1684 errichtetem Stubengetäfel und steht am Erker die Inschrift: »Gederaud Landererin 1684 Georg Rastpichler. Gott hat gepaut Rastpichler hat zugeschaut.«

Der bayerische Reiseschriftsteller Ludwig Steub schrieb 1842 dieses kleine Erlebnis auf: »Ja, was ist denn das, gar nicht einkehren?« rief mit lauter Stimme die Kellnerin uns zu und lächelte so freundlich, daß wir zwei Fußgänger doch gerne anhielten. Die pflichtgetreue Schenkin ließ keine Ausrede gelten und führte uns mit sanfter Gewalt in die Gaststube . . .«
So wie Ludwig Steub wird es wahrscheinlich noch so manch anderem ergangen sein, der ohne spätere Reue der freundlichen Einladung einer netten Tiroler Kellnerin folgte.

Der historisch bedeutsame Gasthof »Krone« in Umhausen (Ötztal). Links: Ein Detail des reichverzierten und getäfelten Erkerzimmers.

Unmittelbar am rechten Innufer liegt, zur 1166 erstmals genannten Ortschaft **Mötz** gehörend, der Gasthof »Römisch-Deutscher Kaiser«. An dieser Stelle führte wohl bereits 1290 eine Brücke über den Inn, weil hier eine bessere Aufstiegsmöglichkeit aufs Mieminger Plateau ist als von Stams aus; hier war auch die Schiffslände der auf dem Inn beginnenden Floßfahrt. Nur hier in ganz Tirol findet sich die Wirtschaftsbezeichnung »Römisch-Deutscher Kaiser«; man meint, es sei hier Kaiser Lothar 1137 auf dem Rückweg aus Italien durchgekommen, der dann in Breitenwang bei Reutte verstarb. Seit 1908 ist der sehr alte Gasthof im Besitz der Familie Randolf, schon in der dritten Generation. Der Blick von der Veranda oder aus dem Gastgarten schweift über den dahinströmenden Inn und sein Tal hinab bis zur Martinswand und über das Mieminger Plateau auf die Hohe Munde und zum Wallfahrtskirchlein Locherboden. Nur wenige Ki-

lometer ist es zur Grablege der Tiroler Landesfürsten und gemeinsam von Meinhard II. von Tirol und der Stauferwitwe Elisabeth und Mutter Konradins 1272 gegründeten Zisterzienserabtei Stams. Noch stehen romanische Bauteile, aber die Barockzeit schuf die heutige prachtvolle Gesamtanlage mit ihren überreichen Stuckierungen und geschmiedeten Gittern, mit Plastiken und Bildern. In Kunst und Wissenschaft, Glaubensleben und sozialer Hinsicht kommt Stams in Tirol große Bedeutung zu. Es hat auch das erste Sportgymnasium Österreichs aufgebaut, das Unterricht und Sport zugleich pflegt. Zu Stams gehört auch das Priorat in Meran.

Das Wirtsschild des »Römisch-Deutschen Kaisers« in Mötz, Inntal (links), weist auf Kaiser Lothar hin, der 1137 hier auf dem Rückweg aus Italien eingekehrt sein soll.

Von der wappengeschmückten Veranda bietet sich ein schöner Blick auf die Felswand der Hohen Munde.

HOTEL
Gasthof
Hettl

Bei Telfs führt die Straße wieder aufs linke Innufer. Hier kommt eine Straße vom Fernpaß übers Mieminger Plateau ins Inntal herab. In der Ortsmitte steht ein altbekanntes Postgasthaus. Auch der weiter innabwärts in **Pettnau** gelegene Gasthof »Öttl« ist ein bekannter Post- und heute Einkehrgasthof, mit dem seit dem 17. Jahrhundert das Recht zum Ausschenken verbunden war. Seit 1882 ist der Gasthof im Besitz der Familie Öttl. Stattlich wirkt er durch seine mächtige Fassade mit Stuck und Malerei, die breite Hauslaube, die Gaststuben mit ihren Bogen und Gewölben und besonders den romanischen Saal im ersten Stock. Ein Stück weiter erblickt man in Unterpettnau das 1556 im Besitz von Hans Mader als Gastgeb genannte, aber als Wirtstaverne schon seinen Vorfahren eigene heutige Gasthaus »Baldauf«. Bis 1801 war es im Besitz der Mader und nach einigem Besitzerwechsel gehört es seit 1905 der Familie Baldauf. Auffallend ist der durchbrochene Giebel des Gasthofs und die Fassade mit den Fresken vom Leben und Treiben an einem Straßenwirtshaus im 18. Jahrhundert neben den Bildern der heiligen Christoph und Florian (siehe Seite 15).
Wer durch das Inntal reist, muß zwischen Zirl, wo inmitten des einzigen Weinberges Nordtirols der »Zirler Weinhof« steht, und der alten Salzstadt Hall nicht den Inn überqueren, sondern kann auf der Innstraße und dem Hohen Weg am linken Innufer bleiben. Er kann, ohne in das Stadtzentrum zu müssen, vom Ober- ins Unterinntal kommen und sieht die prächtigen Fassaden der alten Patrizier- und Gasthäuser und

Der frühere Postgasthof »Öttl« in Pettnau an der Inntalstraße (links) ist ein bekannter Einkehrgasthof. Seine geschwungene Fassade mit schöner Bemalung und Stukkaturen gibt ihm ein auffallendes Aussehen. Historische Innenräume, z. T. aus romanischer Zeit, weisen auf den frühen Ursprung des Gebäudes hin (rechts).

die geschwungenen Dachlinien unter der gezackten Nordkette, die von der Geschichte der Stadtteile Mariahilf, Hötting, Büchsenhausen am linken Innufer gegenüber der Altstadt zeugen. Hier gab es Wirte, Frächter und Kaufleute wie in der Altstadt selbst. Die zahlreichen schönen Wirtshausschilder beginnen nördlich der Universitätsbrücke mit dem »Rößl in der Au«, 1667 genannt, seit 1842 im Besitz der Familie Flungger. In rascher Abfolge sehen wir die Schilder des bis 1473 zurückreichenden »Mondschein«, der 1580 als Buschenwirtshaus erwähnten »Traube«, des »Weißen Lamm«, des »Schwarzen Bär« und des »Stern«. Dessen Besitzer war 1512 Mathes Rieder, das Schild hat die Jahrzahl 1786. Am Beginn des Autozeitalters kehrte 1902 Otto Julius Bierbaum zu und schrieb im Tagebuch seiner »Empfindsamen Reise im Automobil«: »Wir sind im ‚Goldenen Stern' eingekehrt. Daß wir nicht mehr im bayrischen Gebirgsland sind, merken wir mit Vergnügen an der guten Küche.«
Mit dem 1650 genannten »Steinernen Brünnl« beginnt die durch die derbe Mundart und Urwüchsigkeit ihrer Bewohner bekannte »Kotlacke« genannte Innsbrucker Gegend. Ein schönes Steinportal von 1540 besitzt die »Grüne Eiche«. Hier gab es auch ein Gasthaus »Zum Engel«, dessen letzter Besitzer kurioser Weise Teufel hieß. An der Mühlauer Brücke findet sich der Gasthof »Dollinger«, als dessen Wirt und Gastgeb 1650 Hans Reinisch genannt ist und wo am 9. August 1838 Kaiser Ferdinand ein-

Verträumte Gassen und romantische Gasthöfe stehen neben alten Patrizierhäusern in der ehrwürdigen Salzstadt Hall. Liebevoll handgeschmiedete Wirtshausschilder erinnern an vergangene, doch immer noch lebendige Zeiten (rechts).

Hall war auch eine Künstlerstadt. Um 1900 fanden sich im Gasthof »Zur Bretze« Kunstfreunde in der Gesellschaft der »Einsiedler« zusammen.

kehrte. Im heutigen Gasthof »Koreth«, dessen Besitzer die Familie Kuen ist, lebt eine bis 1480 reichende Wirtstradition. Hier war 1624 Georg Mäch »mössmer und wirt«, der Name Koreth für das Gasthaus aber rührt von der zeitweilig in Besitz stehenden freiherrlichen Familie Koreth her. 1829 erwarb Johann Kuen aus Barwies das Haus.

Solbad **Hall** hatte als Münzstätte, durch sein Salzbergwerk, den Salzhandel und die Innschiffahrt große Bedeutung. Die venezianischen Gesandten Contarini und Pisani kehrten 1492 in einem Gasthaus am Hauptplatz zu, dessen Besitzer Plofues hieß. In Hall besteht noch heute die 1508 von Ritter Florian Waldauf gegründete Stubengesellschaft, die er auch darum schuf, »damit die Herren vom Adel, Salzbeamten, Bürgermeister, Räte und Honoratiores zusammenkommen und von den Wirtshäusern und

dem Pöbel abgesondert sein können«. So manches alte Schild, auch nicht mehr bestehender Gasthäuser, ist in den pittoresken Straßen von Hall noch zu sehen.
Wieder auf die rechte Seite des Inntals wechselt die Straße bei Volders an der byzantinisierenden Barockkirche St. Karl Borromäus, erbaut nach den Plänen des Arztes Hippolyth Guarinoni, der sich recht kritisch im 17. Jahrhundert über Wirte und Gasthöfe Tirols äußerte. Salzfuhren, Innschiffahrt und Postkutschenverkehr haben innabwärts zahlreiche stattliche Gasthäuser entstehen lassen, darunter auch den um 1600 erbauten »Plankenhof« in **Pill.** Platz für 30 Pferde boten die noch heute der Landwirtschaft dienenden Stallungen der Einkehrstätte den Reisenden und Fuhrleuten, die hier rasteten und ihre Pferde wechselten. Seit 1831 ist der 1665 von Georg Tannauer, dem späteren Ritter und Grafen von Tannenberg, erworbene Plankenhof durch Heirat im Besitz der Grafen Enzenberg. Heute führen Alfred und Elisabeth Enzenberg den Gastbetrieb samt großer Landwirtschaft und Reitstall selbst.

Die alte Bergbau- und Fuggerstadt **Schwaz** hat trotz schwerer, nicht gutzumachender Zerstörung durch Bombardierungen 1944 und Brände früherer Zeiten noch viele

Salzfuhren, Innschiffahrt und Postkutschenverkehr haben innabwärts ansehnliche Gasthäuser entstehen lassen. Der »Plankenhof« in Vill stammt aus der Zeit um 1600. Sein Name rührt vermutlich von den Planken her, an denen die Pferde während der Rast der Fuhrleute angebunden wurden.

Hochgestellte Kunden hatte das schöne Städtchen Schwaz zu verzeichnen. Der »Fuggerkeller« (1495), beherbergt in seinen mächtigen, alten Gewölben ein vornehmes Restaurant.

kostbare alte Kulturdenkmäler und malerische Bauwerke bewahrt. Das Stammgasthaus der Fugger, Fieger, Tänzl, Jöchl und anderer Gewerkengeschlechter war im 15. Jahrhundert das Gasthaus »Zum Blauen Haus«. 1489 übernachtete hier Maximilian mit acht Reitern und trank zum Hammelbraten aus blanken Zinnkrügen feurigen Etschtaler Wein. Noch heute tritt man durch ein gotisches Portal ins Gasthaus »Zur Brücke«, noch sieht man die schönen Schilder der Gasthöfe »Zum Löwen«, »Zum Engel« und »Zum Schiff«. Als Schwaz Europas bedeutendste Silberstadt war, entstand 1495 als Gasthaus der heutige »Fuggerkeller« mit den wuchtigen Gewölben seiner Fuggerstube. Seit Generationen führt ihn die Familie Hochschwarzer. Steigt man hinab in die Gasträume des fast 500jährigen »Fuggerkellers«, umfängt den Gast in geschichtlichen Räumen zeitgemäße Gastlichkeit voll Atmosphäre.
Schwaz wetteiferte mit Sterzing als Bergstadt. Wie die Spielkultur in der Wipptaler Fuggerstadt, so blühte der Meistersang in der Unterinntaler Fuggerstadt. Leider fiel der 1536 errichtete Meistersingersaal am 15. Oktober 1944 Fliegerbomben zum Opfer. Ein einzigartiges europäisches Denkmal war damit zerstört. Ein Brand vernichtete 1809 nicht weniger als 424 Häuser und drei Luftangriffe zerstörten 1944/45 abermals 219 Häuser, so daß ein erheblicher Teil der historischen Stadt verschwunden ist.

Zwischen der Burgruine Rottenburg und der landwirtschaftlichen Lehranstalt **Rotholz** mit dem ehemaligen Schloß Thurneck als Kernbau liegt der stattliche Gasthof »Esterhammer«, abseits vom Lärm der heutigen Landstraße. Umstanden von mächtigen Bäumen, mit Gastgarten und terrassenförmig aufsteigendem Nutz- und Ziergarten, eigener Landwirtschaft und Kapelle macht dieser Gasthof einen herrschaftlichen Eindruck. Nach dem Privileg von 1581 durfte neben ihm zwischen Straß und St. Margarethen keine andere Gaststätte errichtet werden. Aus dem Tannenbergischen Besitz erwarb ihn 1730 Erasmus Esterhammer und davon trägt er bis heute den Namen. Gottfried Esterhammer, der 1852 die besonders tüchtige Wirtin Therese Greiderer heiratete, hinterließ den Besitz seinen Kindern. Der Sohn Gottfried starb ledig, die Tochter Maria hatte den Sensenschmied Norbert Grauß in Jenbach geheiratet, der 1894 seine Schmiede verkaufte und mit seiner Frau den Gasthof »Esterhammer« übernahm. Sein Sohn Alois Grauß wurde im Tiroler Bauernbund und als Abgeordneter einflußreich;

Auch der Gasthof »Esterhammer« in Rotholz (links) gehört zu den historischen Gaststätten am Inn. Oben: Die Eingangstür mit alter Schrift und ein Detail aus einer der herrlich getäfelten Renaissance-Stuben.

er war von 1951 bis zu seinem Tod 1957 Landeshauptmann von Nordtirol, während der jüngere Bruder Albert Benediktiner und Abt in St. Georgenberg-Fiecht wurde, wo er Ende 1973 starb; dort unterstand ihm auch das Kloster- und Wallfahrtsgasthaus in St. Georgenberg. In der 1956 erbauten Hauskapelle steht eine schöne alte Madonna und der 1544 errichtete Altar aus der Burgkapelle von Rottenburg.

»**Rattenberg** ist ein Bild vergangener Tage, die viel glücklicher waren als die jetzigen«, schrieb Ludwig Steub 1870. »Brau-, Gast- und Wirtshäuser hat das Städtchen, welches kaum 100 Firste und gegen 700 Einwohner zählt, aus besseren Jahrhunderten gerettet, aus jenen Tagen, da noch der Warenzug über den Brenner durch seine Hauptgasse ging und achtspännige Güterfuhren, Stellwagen, Riesenkaleschen, Einspänner usw. diese dermaßen anfüllten, daß sich der Wanderer nur mühsam durch die Wagenburg winden konnte. Da kamen oft 50 bis 60 Leute mit mehr als hundert Pferden, die eine ganze Flottille von schwerbeladenen Schiffen aufwärts zogen, am Gestade an und taten sich in den Wirtshäusern gütlich, bis sie wieder davonfuhren.« Das letzte Schiff legte in Rattenberg 1873 an.
Eben wird das »Ledererbräu« mit seiner gewölbten Halle, mächtigen Treppe und Lichthaube restauriert. In jenem Gasthof, wo 1624 Jakob Fuchs Gastgeb war, bewirtete er damals Erzherzog Carl und erhielt für »Costfreyhaltung« von der landesfürstlichen

LICHTSPIELE

Unter den Inn- und Salzachstädtchen ist Rattenberg wohl das reizvollste. Es hat das Gepräge seiner Blütezeit fast unversehrt erhalten. Seine Hauptgasse ist wie ein Bild aus anheimelnder Zeit. Der Name »Platzbräu« ruft neben dem anderer Braugasthäuser ins Bewußtsein, daß im Unterinntal und nordöstlichen Tirol, in Nachbarschaft von Bayern und Salzburg, das Bier Volksgetränk ist neben dem Tiroler Wein. Einst bestanden in den größeren Orten angesehene kleinere Brauereien, bis die Großbrauereien zu ihrer Einstellung führten.

Ursprünglich herzoglich bayrische Stadtburg in Rattenberg soll die »Traube« (links) gewesen sein. Ein besonders verlockendes Wirtshausschild ziert das historische Haus.

Kammer 207 fl. 32 kr. ausbezahlt. Viele schöne Schilder sieht man, so am Gasteigerhaus den Doppeladler, am Gasthof »Post« Sonne und Postillion, am Gasthof »Platzbier« mit Erker und Stube und der Aufschrift »Hopfen und Malz, Gott erhalts« ein »Lamm«, und wo der »Stern« mit seinem über alle Stockwerke gehenden Erker und stuckierter Stube von 1730 einlädt, heißt die Gaststätte heute »Schloßkeller«. Das malerischeste Gasthaus aber ist die »Traube« in der Klostergasse mit der Jahrzahl 1581. Verlockend ist das Schild mit der Traube, malerisch die Freitreppe und der über alle Stockwerke reichende Erker mit dem Ecktürmchen.

Interessant sind die Preisvorschriften, wie die behördlichen Wirtsordnungen sie uns überliefern. Der »für billig erklärte Preis« stieg auch früher an, so z. B. 1787 bis 1804 ganz erheblich: für eine Herrenmahlzeit an einem Fleischtag von 32 Kreutzer auf einen Florint und an einem Fasttag von 34 kr. auf 1 fl. 4 kr.; für ein Hochzeitsmahl für eine Mannsperson am Fleischtag von 40 auf 54 kr. und eine Weibsperson von 38 auf 48 kr.; für ein gemeines Mahl an einem Fleischtag von 36 auf 40 kr., an einem Fasttag von 40 auf 42 kr.; für ein Fuhrmannsmahl von 23 auf 24 kr.; für ein Wein Wiener Maß 1., 2. oder 3. Klasse von 18, bzw. 16, bzw. 14 kr. auf 24, bzw. 22, bzw. 20 kr.; für die Stallmiete Tag und Nacht von 14 auf 20 kr, und nur nachts von

An der Außenseite des Gasthofes »Traube« in Rattenberg trägt eine Tafel neben den alten Wappen die Namen einstiger Besitzer aus adeligen und bürgerlichen Geschlechtern.

Rechts: Die schön gestaltete Straßenseite des Gasthofes »Post« in Kundl.

7 auf 10 kr. und für ein sogenanntes Maßl, das ist einen halben Metzen Haber von 8 auf 14 kr. Also innerhalb von 17 Jahren eine nicht unerhebliche Preissteigerung.

Kundl erscheint schon in der Agilolfingerzeit, denn 788 schenkte der Bayernherzog hier Güter an das Bistum Salzburg, später erhielten die Stifte St. Georgenberg, Ebersberg und Seeon hier Besitz und entwickelte sich mit Bergbau und Verhüttung im 15. Jahrhundert die Gemeinde. Schon 1495 steht Kundl in der Liste der Pferdewechselorte für reitende Boten, im 16. Jahrhundert erhielt es eine Poststation und entstanden ansitzartige Gasthöfe wie der 1768 an seiner ganzen Fassade bemalte »Auerwirt«, dessen Portal mit Rebenzweigen und Weintrauben umrankt ist, und vor allem der prachtvolle Gasthof »Post« mit drei verschiedenen Erkern. Das breite steingerahmte Tor trägt den Doppeladler mit Reichsapfel und Schwert und Krone. Die Fenster haben gemalte Umrahmungen und die Fassade zieren die Fresken des heiligen Sebastian, der hl. Katharina, der Madonna mit dem Kinde, des hl. Petrus und des hl. Leonhard; an der Seitenwand rechts sieht man die Drachentötung durch St. Georg und links die hl. Notburga, Sonnenuhr und Posthorn.

Die Geschichte des heutigen Gasthofs zur »Post« in **Söll** reicht als Teil des Urmairhofes Söll ins 14. Jahrhundert zurück. Im Laufe der Zeit wechselten die Besitzer des Hauses, so eignete es 1480 einem Hans Seibold, dann seit Mitte des 16. Jahrhunderts

Gasthof Post
62

der Kitzbüheler Patrizierfamilie Pazagl. Später kam es durch Heirat der Erbtochter Laydhartinger an einen Hans Neumayr und später hieß der Wirt Kolaus. Dessen Tochter Maria Anna verheiratete sich mit dem Wirt Josef Rainer, der mit Wein und anderen Waren zwischen Nord- und Südtirol handelte, 1797 und 1809 als Schützenhauptmann hervortrat und dessen Gasthaus 1809 beim Durchzug der feindlichen Armee gründlich ausgeplündert wurde. Noch heute besitzen Nachkommen den Gasthof.
Tür- und Fensterstöcke des Hauses sind aus Marmor und in der schönen Gaststube stehen runde Marmortische. Im Flur sieht man Wandbrunnen aus rotem Marmor mit Löwenköpfen und eine Eisengußplatte mit Ritter und Wappenschild und der Jahreszahl 1688. Im Obergeschoß trägt eine rotmarmorne Rundsäule ein Stichkappengewölbe. Die Fassade zieren die Fresken »Maria lehrt Jesu beten«, der hl. Florian, Josef mit dem Christkind und das über dem Tor angebrachte Wappen mit dem kaiserlichen Adler und Posthorn als sichtbares äußeres Emblen einer Poststation.

Nun steht das aus zwei parallelen Kämmen bestehende großartige Kaisergebirge mit seinen südlichen, bizarr gegliederten Kalkgipfeln des Wilden Kaisers beherrschend im Blickfeld. Vor ihm, dessen Kammlinie das Antlitz eines schlafenden Kaisers zu zeigen scheint, breitet sich das anmutige Sölland und Leukental, zwischen Wildem und Zahmem Kaiser aber das Kaisertal.

Die »Post« in Söll ist ein spätgotischer, ausladender Giebelbau mit gemaltem und vergittertem Erker und geschnitztem Balkon. Ein rundbogiges Steinportal bildet den Haupteingang (linke Seite).

Nächste Seiten: An der vom Inntal kommenden Straße nach St. Johann entfaltet sich bei Elmau die prachtvolle Landschaft des Wilden-Kaiser-Gebirges.

Gasthof

Eines der originellsten Tiroler Gasthäuser ist der »Stanglwirt« am Fuß des Kaisergebirges an der Wiener Bundesstraße in **Going** bei St. Johann. Beherrschend und breit lädt es ein und man kann einer Einkehr nicht widerstehen. Die Obrigkeit von Kitzbühel verlieh diesem Haus 1609 die Wirtsgerechtigkeit. Seit als »Wirt auf der Prama« 1643 Josef Stangl genannt ist, blieb dem Haus der Name »Stanglwirt«. Die Nachkommen verkauften es 1714 an Sebastian Schlechter, der neben seinem Wirtsgeschäft auch einen einträglichen Handel mit Wein, Käse und Eisen zwischen Innsbruck, Oberösterreich und Steiermark betrieb. Sein gleichnamiger Sohn und dessen Frau Maria bauten das noch heute stehende stattliche Stanglwirtshaus. Über der Tür und dem Umgang im ersten Stock ist zu lesen: »Dieses Haus steht in Gottes Hand. Sebastian Schlechter ist der Bauherr genannt. Bitt, fürcht Gott und halt sein Gebot. Und lieb deinen nächsten so hast du die Gnad des allerhöchsten. Jesus, Maria, Josef. 1722 Renov. 1753. Renov. 1874. Balthasar Hauser, Anna Schlechter. Ren. 1800 durch Gatthauser und Maria Schlechter. Renov. 1951 durch Anna Hauser-Brand und 1970/73 durch Balthasar Hauser.« Nach dem Tod des letzten männlichen Familiengliedes 1912 folgten andere Erben. Die alten getäfelten Stuben und Säle, die Halle

Sebastian und Maria Schlechter bauten das »Zum Stangl« benannte Wirtshaus in Going zu einem großen Gasthof aus (links). Die Inschrift über der steingerahmten Eingangstür enthält die Initialen und die Jahreszahl.

Der große Speisesaal im Gasthof »Stangl« gewährt durch eine breite Glaswand einen wohltuenden Blick in den betriebseigenen Stall, der frische Milch und Fleisch für die Küche liefert. Wohlgenährt stehen die Tiere am Futtertrog, und die überraschten Gäste werden behaglich an den reich gedeckten Tischen bedient.

mit einem Kirchenboden aus dem 12. Jahrhundert und viele alte Gegenstände aus landwirtschaftlichem und gastlichem Leben sind bemerkenswert. Wie sehr die Küche aus der eigenen Wirtschaft lebt, wird auf originelle Weise sichtbar. Der große Speisesaal mit den Tischen voll speisenden Gästen ist nur durch eine Glaswand getrennt vom Stall mit dem in unbeirrbarer Ruhe wiederkäuenden Vieh. Mensch und Tier sehen so in Gelassenheit einander beim genüßlichen Mahle zu. Wenn dann der Trank kommt, lassen freilich die guten Rinder es sich am Wasser genügen, während der Mensch sich an mehr oder minder alkoholreichen Getränken gütlich tut. Von den Umgängen des Hauses leuchtet feurig das Rot der brennenden Liab und hinter dem Haus erhebt sich über dem üppigen Grün der Fluren die weiße Majestät der Kalkfelsen des Wilden Kaisers.

Pustertaler Straße

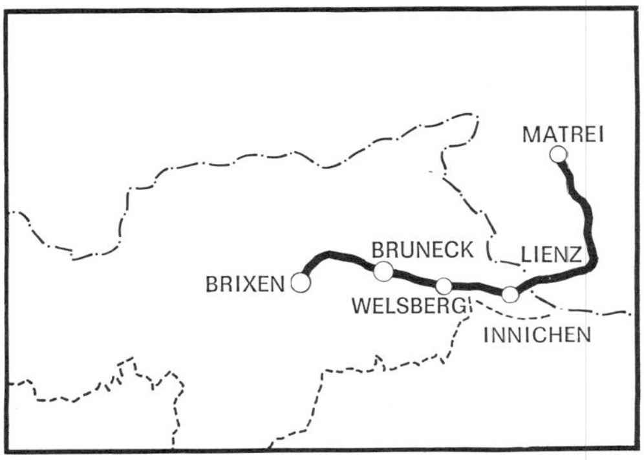

Im weiten Talbecken von Lienz, wo in der von den wildzerrissenen Lienzer Dolomiten, der Schobergruppe und den Deferegger Alpen überragten Ebene die Drautalstraße von Kärnten her, über den Iselsberg die Großglocknerund durch das Iseltal die Felbertauernstraße einmünden, beginnt die Pustertaler Straße, die Lienz und Brixen im ostwestlichen Quertal südlich des Alpenhauptkammes verbindet.
Seit Vollendung der wintersicheren Felbertauernstraße mit ihrem Tunnel in 1630 m Höhe unter den 2481 m hohen Felbertauern führen nach Tirol südlich des Alpenhauptkammes drei ganzjährig offene Übergänge: der Obere Weg über den Reschen in 1510 m Höhe; die Brennerstraße über den Brenner in 1375 m Höhe; und die Felbertauernstraße zwischen Mittersill und Matrei in Osttirol durch den Tauerntunnel in 1630 m Höhe. Dank dieser leicht befahrbaren Pässe sind zwischen Tirol beiderseits des Alpenhauptkammes zwei große Nord-Süd-Rundfahrten möglich: im Westen vom Arlberg oder einem bayerischen Zugang aus dem Inntal auf dem Oberen Weg durch den Vinschgau und auf der Brennerstraße nach Innsbruck; im Osten von Innsbruck oder einem bayerischen Zugang über Paß Thurn und Felbertauern durch das Pustertal und auf der Brennerstraße wieder ins Inntal, oder auch übers Eisacktal oder die Dolomitenstraße vom Pustertal nach Bozen und auf dem Oberen Weg wieder ins Inntal.
Die Pustertaler Straße verbindet das Drau- und Rienztal über den flachen Wiesensattel des Toblacher Feldes, 1240 m. Im Unterschied zum Oberen Weg und zur Brennerstraße ist hier ebenso wie durch das Inntal kein Gebirgsanstieg zu überwinden; die Pustertaler Straße steigt allmählich an und fällt allmählich. Das Pustertal ist ein wald- und wiesenreiches Tal, das mit Ausnahme von Talweiten bei Lienz, Innichen und Bruneck mehr oder minder schmal ist. Über ihm steigen grüne Hänge und Wälder und Mittelgebirgsterrassen auf, hinter ihnen ragen die Gipfel der Karnischen Alpen und Dolomiten im Süden, der Deferegger, Rieserferner und Zillertaler Alpen im Norden auf, zu denen Seitentäler des Pustertales führen. Das Pustertal ist eine liebliche grüne Landschaft, allerdings mit niedrigen Temperaturen im Winter und frischerer Luft als andere Südtiroler Landschaften im Sommer.

Der schöne Stadtplatz von Lienz, der Bezirkshauptstadt Osttirols.

Lienz, Hauptstadt der Grafschaft Vordere Görz bis zur Vereinigung mit Tirol nach Aussterben der Görzer Grafen 1500, liegt lebensdurchpulst und einladend im besonnten Talbecken der Einmündung der Isel in die Drau. Der Name Lienz kommt vom keltischen Wort »lonkina«, d. h. gekrümmte Gegend. Dies bezieht sich auf die große Drauschleife, an deren unterem Rand die Brücke über die Isel schon früh ein wichtiger Verkehrspunkt war, denn über sie führte die Straße vom unteren ins obere Drautal. Bereits 1216 wird diese Brücke als »pons in loco Luenz« erwähnt. 1243 wird erstmals das »castrum Lunze« mit Gericht und Zoll Siedlungsstätte genannt.

In den Einkehrstätten an den Straßen Osttirols gab es bereits vor Jahrhunderten gute Gastlichkeit. So enthält 1485 das Reisebuch des mit dem Bischof von Caorle reisenden Sekretärs Santonino folgendes Menü bei einer Osttiroler Kirchweihe: »1. Kuttelfleck vom älteren Kalb gut gerichtet und mit Safran gewürzt; 2. Gesottene Fische, Aalruten, Aeschen und Forellen gemischt; 3. Hühner, Krähen und Lämmernes am Spieß; 4. Speck und ein Kranz von Hauswürsten über Kraut, delikater als anderswo bereitet; 5. gekochtes Gemsfleisch mit kleingeschnittenen Äpfeln und Zwiebeln und mit Gewürz überstreut; 6. Rindfleisch und ausgezeichnete Hühner in fetter Suppe; 7. Fleischsuppe mit Gerste; 8. Nachtisch großer milder Käse, frische Nüsse und süße Birnen.« Dieser Bericht an der Wende zur Neuzeit korrigiert einen Bericht des Bischofs Wolfger von Ellenbrechtskirchen ein Vierteljahrtausend vorher, der es schlecht und teuer im Pustertal fand.

Der blumengezierte, langgestreckte Stadtplatz von Lienz ist wirklich einladend. Oft von Bränden heimgesucht und zuletzt durch den Bombenkrieg 1945, hat die Stadt durch umsichtige Erneuerung seine schöne Geschlossenheit bewahrt. Er besitzt in der Liebburg mit ihrem imposanten Äußeren mit zwei flankierenden kuppelgedeckten Rundtürmen, umlaufenden Balkenfries und barocken Fensterrahmen einen beherrschenden alten Bau. Bemerkenswert sind die Pfarrkirche St. Andreas und auf ihrem Friedhof die Kriegergedenkkapelle mit den Fresken von Albin Egger-Lienz, die römischen und frühmittelalterlichen Ausgrabungen in Aguntum und Lavant sowie die einstige Residenz der Görzer Grafen, Schloß Bruck, mit der doppelgeschossigen Burgkapelle und reichen Sammlungen. Prachtvoll ist die Gebirgsumrahmung des Lienzer Beckens, zumal durch die wilden Zacken der Lienzer Dolomiten, das bei Wanderern und Skifahrern beliebte Zettersfeld und andere Gipfel der Deferegger und Schobergruppe.

In Lienz ist die Tradition der Gasthäuser alt, schon 1402 erscheint der erste Ahnherr eines Lienzer Wirtsgeschlechtes, Michael Kranz, neun Generationen der Familie sind nach ihm Gastwirte und Postmeister. Zu »Adler« und »Post« und anderen gesellte sich im 17. Jahrhundert jenes Gasthaus, das die Familie Grebitschitscher führte, von der es die Vergeiner erwarben, die am vom Hauch des Südens umspielten blumenreichen Stadtplatz sich stattlich präsentierende »Traube«.

Am blumenreichen Lienzer Stadtplatz steht der Gasthof »Traube«. Nach der Bombenzerstörung 1945 neuerbaut, ist das Haus mit alten Möbeln und Bildern gediegen ausgestattet und entfaltet in seiner »Tschitscherstube« und seinem »Traubenkeller« angenehme Originalität.

Rechts: Der 1897 nach einem Brand neu erstandene Gasthof »Rautter-Obwexer« in Matrei, Osttirol.

Der am Zugang zum Großglockner, Großvenediger und anderen Tauerngiganten an der Felbertauernstraße gelegene Markt **Matrei** in Osttirol fiel zum größten Teil am 10. Mai 1897 einem Brand zum Opfer. Auch der damals traditionsreiche Gasthof Rautter-Obwexer brannte ab. Der Nikolsdorfer Wirtssohn Leonhard Rautter heiratete 1696 in die Matreier Gastgeberfamilie Wohlgemut ein. Seitdem waren die Rautter Wirte und Handelsleute in Matrei, bis 1893 der Sohn der letzten Rautterschwester, Josef Obwexer, erbte. Dessen Sohn Natalis Obwexer erwarb ebenso besten Ruf als Wirt wie Landtagsabgeordneter, bis heute kehren viele Politiker gerne zu. Ein Prospekt des wappengezierten, bekannten Hauses von 1898 kündigte an: »50 Fremdenzimmer mit schönem Speisesaal und daran anschließendem freien Balkon. Vorzügliche Speisen à la carte zu jeder Tageszeit. Feinstes Gösser Märzenbier vom Faß, echte Tiroler Tischweine, in- und ausländische Flaschenweine. Bei längeren Aufenthalt mäßige Pensionspreise. Bäder im Haus. Nach neuestem Komfort eingerichtet. Omnibus- und Postverbindung mit Lienz. Extra-Fahr- und Reitgelegenheit nach allen Richtungen, sehr geeigneter Aufenthalt zu schönen Bergtouren. Autorisierte Bergführer zu jeder Zeit zu haben.«

GASTHOF · PENSION · RAUTE
Obwexer GASTHOF-PENSI
RESTAURANT
TEL-EINGANG
ESPRESSO-BAUERNSTUBE
EIS
Meinl Kaffee Meinl

Das Wappen der Rautter, die schon im 17. Jahrhundert Wirte und Kaufleute in Matrei waren. Der Sohn der letztgeborenen Rautter verh. Obwexer, Josef Obwexer, erbte 1893 den Gasthof und ließ ihn nach dem Brand, der fast ganz Matrei verheerte, nach modernen Gesichtspunkten erneuern.

Ein behäbiger großer Bau ist das Gasthaus »Zur Post« in **Mittewald an der Drau,** heute Besitz der Wirtsfamilie Leiter. In der breiten Hauslabe, wie die Halle hier genannt wird, so breit, daß nicht nur in den gegenüberliegenden Stallungen, sondern auch hier Wagen einfahren konnten, steht im Herrgottswinkel ein großer Gesindetisch. Die Gaststuben sind getäfelt, tief sind die Kellergewölbe und man sieht noch, welche Mengen Wein früher hier gelagert wurden. Ein Bischofszimmer mit Stuck von 1782 erinnert daran, daß der Brixner Fürstbischof bei seinen Visitationen hier zukehrte. Seit dem 18. Jahrhundert war in Mittewald eine Poststation. Mit viel Liebe sind hier alte Möbelstücke, Kunstwerke und Hausrat gesammelt und aufbewahrt.
In diesem behaglichen Postgasthaus in Mittewald erinnert man sich der Worte aus Johann Caspar Lavaters Reiseregeln: »Gut Wetter, unausgewaschene Wege! Willfährige Postmeister! Gefällige und billige Wirte! Treue Lohnlakaien und redliche Geldwechsler! . . . Reise glücklich! Werde lebendiger, genußfähiger, genießbarer, tätiger, leidsamer, glaubender, liebender und hoffender, vernünftiger . . . Reise um zu lernen, was man hat — und nicht hat, haben und nicht haben kann, wissen und nicht wissen soll, was man lernen und verlieren muß. Reise mit Vernunft, Zweck und Absicht.«

In **Abfaltersbach,** 974 als östliche Grenze des bajuwarischen Siedlungsgebietes genannt, ist eines der ältesten Tiroler Wirtsgeschlechter beheimatet. Schon 1460 wurde in Abfaltersbach eine Wirtstaverne erwähnt. Georg Aigner, ein Bauer am Sillianer Berg, kaufte sie 1599 und später wurde daraus ein Postgasthaus. Der Wirt Michael Aigner wurde 1625 geadelt. Viele Verheiratungen mit bekannten Wirtsfamilien brachten Wirtstöchter aus anderen Gegenden ins Pustertal, während Söhne und Töchter

Im Postgasthaus in Mittewald an der Drau hängt unter wuchtigen Gewölben ein schönes Kruzifix und steht in der Fensternische noch der alte Gesindetisch. In diesem behäbigen Raum des geschichtsträchtigen Hauses muß sich jeder Gast wohlfühlen. Ein Rundbogentor mit Wappen und eine bunte Sonnenuhr beleben die Fassade.

Das schlichte Stammhaus »Zur Post« der Familie Aigner in Abfaltersbach ist seit dem 16. Jahrhundert im Besitz dieser Familie, eines der ältesten Wirtsgeschlechter Tirols. Die getäfelte Stube hat einen schönen Herrgottswinkel und kunstvoll geschnitztes Gitterwerk. Ein altes Bild zeigt eine Schankszene mit der Schrift: »Kimm mein Liebster Hür Rein. Ich schenckh Dier ein Glasz Bier und Brandtwein ein. Martin Wierer 1764«.

Rechts: Der behäbige »Straßerwirt« in Straßen. Die Fundamente dieses Hauses stammen aus dem 10. Jahrhundert.

der Abfalterer Aigner wieder in ganz Tirol in Wirtsfamilien einheirateten. Das Stammgasthaus ist bis heute im Besitz der Familie von Aigner. Bis Ende des 19. Jahrhunderts hatten die Aigner als Besitzer des Gasthofes in Abfaltersbach das Recht Lehrern und Organisten die Stelle zu verleihen. Ein Zeichen des Ansehens und der Geltung des Wirtsstandes in Tirol.

Der »Straßerwirt« in **Straßen** liegt an einer Steigung gerade richtig zur Rast und zum Vorspann. Die alten großen Stallungen erinnern noch an die Pferdehaltung und die Einstellung der schwerbeladenen »Terviswagen«, wie man die von Venedig über Treviso fahrenden Lastwagen nannte. Das Gasthaus steht auf uralten Fundamenten und bei jüngsten Umbauten fand man Tonkrugscherben aus der Zeit um 900. Auf dem heutigen Futterhaus steht die Jahreszahl 1619, als Wirt ist 1744 Michael Mayr genannt. Der Straßerwirt Marx Mayr spendete für den Neubau der Dreifaltigkeitskirche

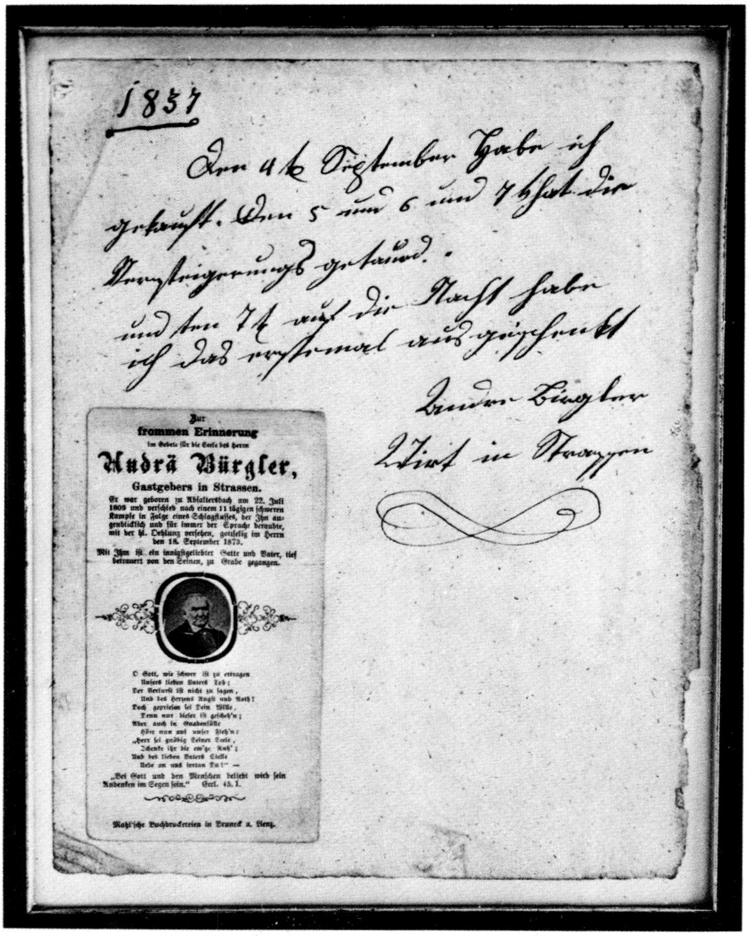

1857

Zur
frommen Erinnerung
im Gebete für die Seele des Herrn

Andrä Bürgler,

Gastgebers in Strassen.

Er war geboren zu Abfaltersbach am 22. Juli 1809 und verschied nach einem 11 tägigen schweren Kampfe in Folge eines Schlagflusses, der Ihn augenblicklich und für immer der Sprache beraubte, mit der hl. Oehlung versehen, gottselig im Herrn den 18. September 1873.

Mit Ihm ist ein innigstgeliebter Gatte und Vater, tief betrauert von den Seinen, zu Grabe gegangen.

O Gott, wie schwer ist zu ertragen
Unsers lieben Vaters Tod;
Der Verlust ist nicht zu sagen,
Und des Herzens Angst und Noth!
Doch gepriesen sei Dein Wille,
Denn nur dieser ist gescheh'n;
Aber auch in Gnadenfülle
Höre nun auf unser Fleh'n:
„Herr sei gnädig Seiner Seele,
Schenke ihr die ew'ge Ruh';
Und des lieben Vaters Stelle
Nehe an uns vertan Du!" —

„Bei Gott und den Menschen beliebt wird sein Andenken im Segen sein." Eccl. 45. 1.

Mahl'sche Buchdruckereien in Bruneck u. Lienz.

Eine Aufzeichnung aus dem Jahre 1857 hält die Ersteigerung des Gasthofes Straßen durch Andre Bürgler fest: »Den 4te September hab ich gekauft, den 5 und 6 und 7te hat die Versteigerung gedauert. Und den 7te auf die Nacht hab ich das erstemal ausgeschenkht.« Wie das später hinzugefügte Sterbebild zeigt, ist dieser Andre Bürgler am 22. Juli 1809 in Abfaltersbach geboren und am 18. September 1873 in Straßen gestorben.

Links: Das schmucke Schild des Gasthofes Straßerwirt auf der österreichischen Seite der Pustertaler Straße.

1763, wie eine Tafel in der Kirche mitteilt, 200 Gulden. Sein Sohn Michael Mayr kam in mißliche Finanzlage und 1857 ersteigerte Andre Bürgler das Wirtshaus als Gassersches Erbe. Jetzt führt es der Urenkel Eckhard Bürgler, der mit viel Kunstverstand altes Mobiliar und Hausrat erwarb und damit sein Gasthaus einrichtete, den »Straßerwirt«.

Zwischen Straßen und dem von der Burg Heimfels überragten Panzendorf steht in landschaftlich reizvoller Lage in **Tasenbach** »Franz Aigners Gasthaus«, daneben Kegelbahn, Gemüse- und Blumengarten und die Kapelle zur Mutter Gottes vom Guten Rate. Auch hier führt ein Zweig der Aigner von Abfaltersbach die Wirtschaft. Von den Abfalterer Aigner heirateten in der vorletzten Generation eine Schwester hieher, eine andere nach Niederdorf, eine dritte wurde Postwirtin in Nauders und eine vierte Postwirtin in Lermoos. Im uralten Einkehrgasthaus hängen Porträts von Franz von Defregger, der zwar in München lebte, aber gebürtiger Osttiroler war.

»Salchersche Wirtstavern« in Panzendorf ist noch ein ganz archaischer Gasthausname, und auch in **Sillian** haben »Weißes Rößl«, »Post« und »Schwarzer Adler«

»Franz Aigners Gasthaus« in Tasenbach, an der Pustertaler Straße.

ihre Geschichte. Im »Schwarzen Adler« verbrachte der junge Richard Strauss mehrere Sommerferien.

Westlich der Staatsgrenze liegt an der Einmündung der Straße über den Kreuzbergpaß ins Pustertal **Innichen,** erstmals erwähnt in der vom Bayernherzog Tassilo 769 in Bozen ausgestellten Urkunde über die Stiftung eines Benediktinerklosters und Begabung der Mönche von Scharnitz, die es besiedelten. Neben der barocken Pfarrkirche St. Michael und unweit der romanischen Stiftskirche St. Candidus und Corbinian ladet das alte Wirtshaus zum »Weißen Rößl« mit seinem schönen Schild ein. Seit Johann Kühebacher im 18. Jahrhundert das Rößlwirtshaus erworben hat, steht es im Besitz der Familie Kühebacher, von der Wappen und Wappenbrief in der Stube zu sehen sind.
Auch hier ist eine Wirtsordnung angeschlagen, aus dem Jahr 1804, die an Strenge nichts zu wünschen übrig läßt. Nach der Festsetzung der Preise heißt es darin: »Hiernach sind also die Wirtstavernen einzurichten und derselben eine oder mehrere einem jeden Wirt zuzustellen zu dem Ende, daß sie in den Wirtszimmern zu jedermanns Wissen an einem sichtbaren Ort aufgehängt werden. Das Kreisamt, besonders aber die Ortsobrigkeit hat dafür Sorgfalt zu tragen, daß hienach genanntes

Das Wappen der Familie Kühebacher, deren Vorfahre Johann Kühebacher im 18. Jahrhundert das schon viel früher vorhandene »Rößlwirtshaus« erwarb. Seither ist der Gasthof immer im Besitz der Familie Kühebacher geblieben.

Rechts: Das schmucke Schild und die einladenden Blumenbalkone des heutigen komfortablen Hotels »Weißes Rößl« in Innichen.

ADAC
ÖAMTC
ACI

Wappenbrief der Familie Kühebacher vom Weißen Rößl in Innichen.

Sachorgan, und von den Wirten in keinem Stück ohne vorhergehende Bewilligung der Landesstelle eine Steigerung oder ein Aufschlag gemacht wird. Insbesondere aber wird den Wirten hiemit aufgetragen, die ankommenden Gäste sogleich zu fragen, ob sie diese Mahlzeiten und alles übrige nach der hier festgesetzten Wirtsordnung eingerichtet haben, oder ob sie allenfalls besser oder schlechter bedient werden wollen. Über die nach dem Verlangen der Gäste zu leistende Bedienung haben die Wirte sohin gehörige Abrechnung zu pflegen und auf keine Weise zu Klagen oder Beschwerden Anlaß zu geben. Sollte ein Wirt den Gästen mehr anrechnen wollen, als die vorgeschriebene Taxe erlaubt, so sind die Gäste mehr zu zahlen nicht schuldig und die Obrigkeiten haben ihnen bei eigener Verantwortung die gehörige Unterstützung zu leisten, die Übertreter dieser Vorschrift aber ohne Nachsicht zur Strafe zu ziehen, und in einem jeden solchen Fall durch das vorgesetzte Kreisamt die Anzeige hievon zu erstatten.«

Toblach, an der Wasserscheide von Drau und Rienz, höchstgelegener Ort des Pustertales, ist schon in einem Reisebericht von 1492 als Postrelaisstation genannt; bereits seit dem 13. Jahrhundert bestand hier eine Warenniederlage, Rod- und Zollstation, seit 1458 ein Jahrmarktprivileg. Auf der Rückkehr aus dem Heiligen Land kehrte Ende Jänner 1484 Felix Faber im einsamen Gasthaus »Zum Holenstein« zu und kam nach Toblach. »Die dort entspringenden Gewässer teilen sich von selbst nach den verschiedenen Weltgegenden ... Die Quelle mit dem Namen Drau wächst zum Bach und nimmt nach Osten fließend viele Flüsse in sich auf ...« Der Verkehr über die Strada d'Alemagna brachte Toblach und den westlichen Gemeinden zum Brennerweg hin viel Aufschwung. In Alt-Toblach steht neben der Kirche der moderne Postgasthof, die Hotelsiedlung Neu-Toblach entstand mit Eröffnung der Eisenbahnlinie seit 1871. Hier weilte auf Urlaub und komponierte Gustav Mahler.

Die 1817 in St. Johann in Tirol als Emerentia Hausbacher geborene, seit 1843 mit Josef Hellensteiner, Postmeisterssohn und vom Onkel her Erbe des »Schwarzen Adlers« in **Niederdorf** verheiratete »Frau Emma« wurde Tirols legendärste und bekannteste Wirtin: »Frau Emma in Europa«.
Nahe der Spitalkirche zur Heiligen Dreifaltigkeit in Niederdorf stehen die ins 16. Jahrhundert zurückreichenden Gasthöfe »Schwarzer Adler«, jetzt »Hotel Emma«, und

Nebeneinander stehen in Niederdorf die ins 16. Jahrhundert zurückreichenden Gasthöfe »Schwarzer Adler«, jetzt »Hotel Emma«, und »Ebner«.

»Ebner«, die vorher lange auch in Bad Maistatt Wirte waren. Die Kinder der Frau Emma bauten das Hotel Pragser Wildsee, »Hotel Emma« in Meran, Töchter heirateten in die Wirtsfamilien Toldt und Staffler in Bozen, eine Enkelin wurde Elefantenwirtin in Brixen. Im nicht minder alten Gasthaus »Wassermann« stieg 1760 die Braut Joseph II., Isabella von Parma, auf der Reise zur Hochzeit ab.
Der alles kritisierende deutsche Reisende Gustav Rasch lobte 1870 den Gasthof der »Frau Emma« als bestes Wirtshaus im Pustertal: »Es zeichnet sich durch gute und schmackhafte Küche, reine und gute Weine, bequem und hübsch eingerichtete Zimmer, Billigkeit der Preise und besonders die Freundlichkeit und Aufmerksamkeit der Besitzerin aus, welche es sich zur Ehre anrechnet, den Fremden das Leben so angenehm wie möglich zu machen.« »Obgleich Frau Emmas Verehrer außer der Eisenbahn noch 16 Stunden im Stellwagen zurückzulegen haben«, schrieb Ludwig Steub, »so scheuen sie doch keine Beschwerden und kommen jeden Sommer den langen Weg, um etliche Wochen hier zu verleben und sich an Pustertals besten Bissen gesund und froh zu essen. Dabei herrscht unter Frau Emmas Dach auch eine Billigkeit, die man weidlich rühmen sollte, wenn der Ruhm nicht der Todfeind aller Billigkeit wäre.«

Frau Emma in Niederdorf war um die Jahrhundertwende die bekannteste Wirtsfrau von ganz Tirol. Ein Stammgast des damaligen »Schwarzen Adler« schrieb ihr einmal eine Postkarte aus St. Petersburg (heute Leningrad) mit der Anschrift: »Frau Emma in Europa, Tirol.« Die Karte kam an. So teilt es wenigstens Paul Rainer in seinem Roman »Frau Emma in Europa« mit. Es ist die Geschichte eines arbeitsfrohen Lebens. Als Frau Emma 1904 im Alter von 87 Jahren starb, war sie eine historische Persönlichkeit und das Musterbild der Tiroler Wirtin geworden.

Eines der volkstümlichsten Gasthäuser Südtirols ist der seit 1423 bestehende »Khanwirt« in St. Martin im Gsieser Tal.

Von Welsberg greift das Gsieser Tal tief nach Nordosten in abgeschiedene Berglandschaft hinein. Dort steht neben der Kirche **St. Martin** nicht nur der kampfesmutige Kapuzinerpater Haspinger, Mitstreiter Andreas Hofers, in der kraftvollen Plastik von Otmar Winkler, sondern eines der volkstümlichsten Tiroler Gasthäuser, der »Khanwirt«. Seit 1423 ist die Familie Khan zugleich Wirt und Mesner in St. Martin. Bald 20 Generationen üben die Khan so kirchlich und weltlich eine wichtige Funktion zugleich aus. Im ersten Stock ist eine schöne getäfelte Stube. Ein Bild von 1775 berichtet, daß damals eine Hochzeit war und wie es Brauch war, sollte der Hochzeiterwagen durch die Labe fahren. Da stand ein kleines Kind auf dem Platz, kam unter das Pferd und ist zertreten worden. Im Jahre 1715 schon ließ der Wirt Markus Khan ein anderes Bild malen. Er ist damals mit vier Pferden um Wein nach Auer im Bozner Unterland gefahren und kehrte einige Wochen später mit acht Pferden zurück, denn seine vier Stuten hatten in Auer vier Fohlen indessen geboren. Derweil wir alles ansahen und uns erzählen ließen, hatte die Tochter die berühmten Khanischen Knödel gekocht und stellte eine dampfende Schüssel auf den Tisch.

Die Schönheit der Pustertaler Seitentäler ist seit alten Zeiten bekannt und deshalb gibt es in ihnen auch gute, alte Gasthöfe. Hier rasteten Menschen, die über die hohen Jöcher beschwerlich gehen mußten; und es kehrten jene zu, die in den zahlreichen Pustertaler Bauernbadln Erholung suchten. Der wachsende Strom der Bergsteiger, Skifahrer und Sommerfrischler entdeckte sie seit einem Jahrhundert. Das Gsieser Tal ist bis heute eines der ursprünglichsten Täler geblieben.

Außer dem zentral gelegenen St. Martin besitzt das langgestreckte Tal noch als größere Ortschaften Pichl und, nahe am Talabschluß, das reizende Dorf St. Magdalena mit guten Gasthöfen und uralten Bauerngehöften, deren geschnitzte, oft rundumreichende Balkone Bewunderung erregen. Der Name Gsies wird als Gesieze schon im 9. und 10. Jahrhundert erwähnt.

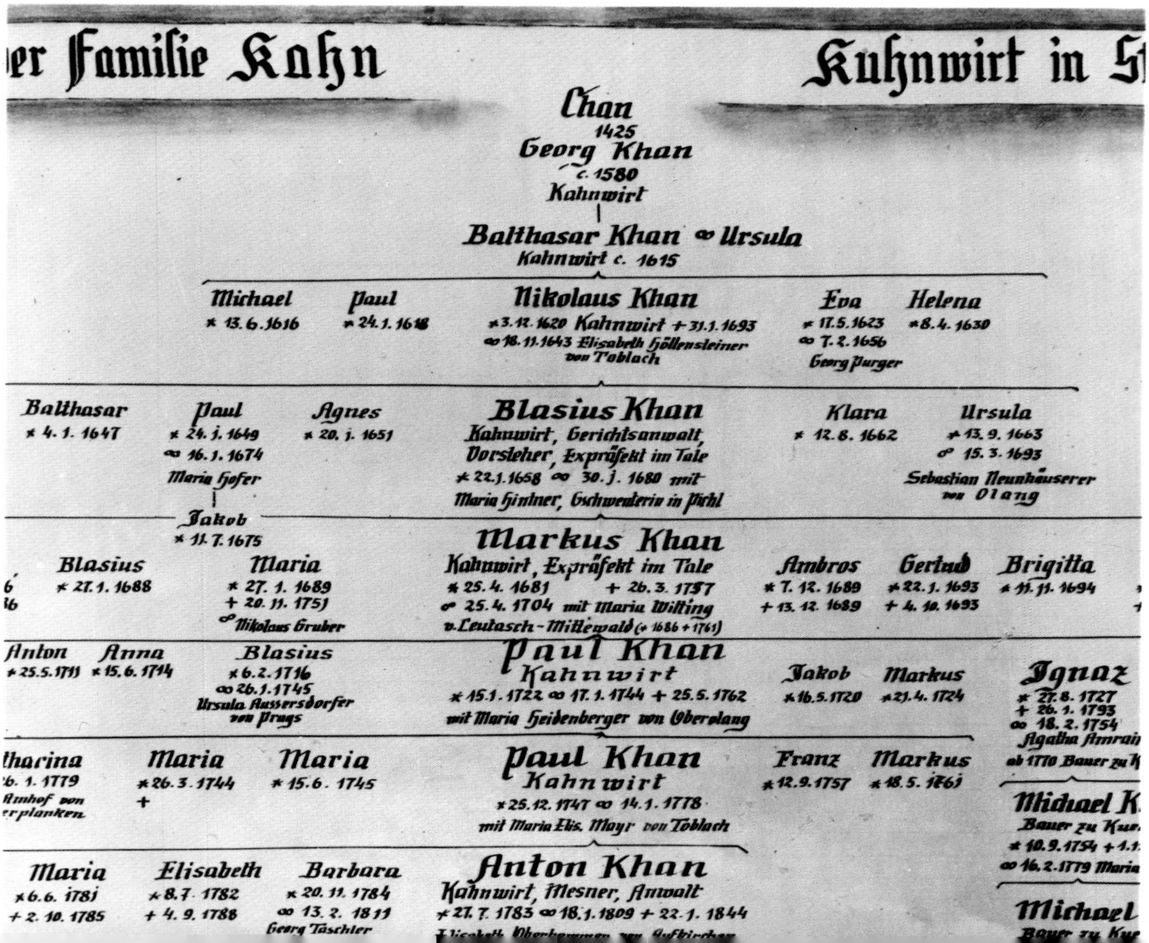

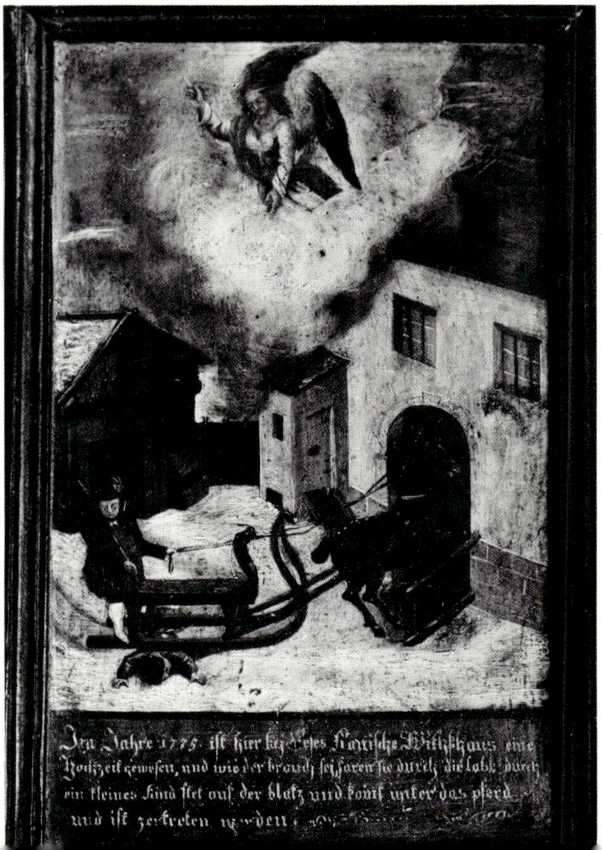

Links: Eine lückenlose Stammtafel im Flur des Hauses zeigt die Geschlechterfolge vom ersten Khan bis zum gegenwärtigen Wirt und Mesner Kassian Khan, der mit Söhnen und Töchtern als Witwer Gastgeber und zugleich Landwirt ist. (Im Bild der obere Teil der großen Tafel.)

Oben: Ein Bild mit Schutzheiligen aus dem Jahre 1715 ist dem alljährlichen Weintransport aus dem entfernten Etschtaler Unterland gewidmet.

Ein trauriger Unfall ereignete sich 1775, als ein Hochzeitswagen, der dem alten Brauch zufolge durch die Hauslabe fahren sollte, auf dem Vorplatz ein Kind überfuhr (rechts).

Der Brixner Fürstbischof Bruno Graf von Kirchberg und Bullenstätten gründete 1251 die nach ihm benannte Stadt **Bruneck.** Bischöfliche Gunst, und der Verkehr von der Strada d'Alemagna zur Brennerstraße nicht minder, gaben Bruneck ein Ballhaus und eine Waage, eine Messinghütte zur Verhüttung der Ahrntaler Erze und bedeutende Künstlerwerkstätten und Hafnereien. Im Haus der Zieglauerschen Apotheke erinnert die Trinkstube einer adeligen Gesellschaft mit Wappen, allerlei sinnbildlichen Darstellungen und Devisen, die Ulrich Springinsklee 1526 gemalt hat, an alte Zechgewohnheiten. Michael Pacher hatte in Bruneck seine Werkstatt.
Felix Faber kehrte im Jänner 1484 »in einem guten Gasthaus« zu und nannte Bruneck »ein sehr schmuckes und schönes Städtchen ... In dieser Stadt hört man nicht ein italienisches Wort; alles, Sitten und Sprache, ist deutsch.« In der »Post« wirtschaftet seit Verehlichung mit Elisabeth von Steyrer 1812, deren Familie Postmeister seit dem 17. Jahrhundert waren und auch den »Goldenen Löwen« führten, die Familie von Grebmer. Eduard von Grebmer, gestorben 1875 war Landtags- und Reichsratsabgeordneter und Landeshauptmann von Tirol. Die »Post« fanden Gäste zur Mitte des 19. Jahrhunderts als ein Gasthaus »mit sehr vielen Räumlichkeiten, in dem man mehrere Wochen wohnen kann, ohne etwas zu entbehren«. In der »Rose«

Im »Weißen Lamm« in Bruneck (rechts) erinnert eine herrlich getäfelte Stube an frohe Zechrunden, an denen große Künstler und Schriftsteller teilgenommen haben. Bruder Willram, Seeber, Weingartner, Baron Sternbach verweilten hier und Bilder von Egger-Lienz, Ludwig Thoma, Einberger, Plattner, Böcklin, Stadler, Rabensteiner u. a. hängen im gemütlichen Raum (links).

ALBERGO
Gasthaus
3

hielt Andreas Hofer mit den Pusterern Kriegsrat und ist der Besitzer Hinterhuber stolz auf die Einkehr des Patriarchen Roncalli von Venedig, dem späteren Papst Johannes XXIII., aber auch stolz auf die Kunstwerke in seinem Haus mit dem wuchtigen Rundturm. Auch die »Sonne« und der »Stern« seien erwähnt, vor allem aber das Lampl, das »Weiße Lamm« mit seiner schönen Fassade und dem alten Schild und den getäfelten bildergeschmückten Stuben.

Bei St. Lorenzen zweigt die Straße nach Ladinien ab, ins Gader- und Abteital und Enneberg. Die ladinischen Täler, in denen wie ein Märchen aus den uralten Zeiten Rätiens die romanische Sprache erklingt, sind eine Welt voll Naturschönheit, eine verzauberte Welt. Dem Talschluß zu liegt unter Sass Songher, Sella, Col Alt und Pralongia in unvergleichlicher Wander- und Wintersportlandschaft **Corvara.**

Aufblühen und Aufstieg von Corvara sind eng verbunden mit dem vor kurzem im hohen Alter verstorbenen Franz Kostner, der den Gasthof »Post-Zirm«, den im vorigen Jahrhundert die Dasser und dann die Rottonara besessen hatten, ausgebaut hat. Dieser

Der Gasthof »Post-Zirm« in Corvara, mit dem Dolomitengipfel des Sass Songher.

»Post-Zirm« in Corvara (links) ist ein Gasthof mit Tradition, in welchem zur Behaglichkeit der Gäste die Errungenschaften moderner Gastkultur einbezogen sind. Ein gutes Beispiel dafür, wie man in Tirol das bewährte Erbe mit den Anforderungen der modernen Zeit zu vereinen weiß. Im vorigen Jahrhundert waren zuerst die Dasser und dann die Rottonara Besitzer des heutigen Gasthofes »Post-Zirm«. Franz Kostner, 1877 geboren, erwarb 1908 das Gasthaus und baute es allmählich zu einem zeitgemäßen Hotel aus. Er war in all seiner Arbeit ein Pionier des Alpinismus und des Fremdenverkehrs im oberen Gadertal. Seit seinem Tod setzen die Söhne Franz und Erich und sein Enkel Heinz das vor langem begonnene Werk erfolgreich fort.

Oben: Josef Rottonara, Besitzer des ehemaligen Postgasthofes.
Rechts: Franz Kostner, Bergführer, Wirt und Unternehmer.

1877 geborene Mann besuchte 1898 einen Bergführerkurs, diente bei den Kaiserjägern, nahm an wissenschaftlichen Expeditionen in der Bergwelt Turkestans teil und übte seit 1908 seinen Doppelberuf als Wirt und Bergführer aus. Er zeichnete sich im Ersten Weltkrieg als Standschützenmajor der Enneberger Kompagnie aus, richtete 1921 regelmäßige Skikurse ein, baute früh den Sessellift auf den Col Alt, setzte bessere Straßen- und Postverbindungen, den Bau eines Kraftwerkes, einer Dampfbäkkerei, einer Garage und moderner Reparaturwerkstätten durch.
Wie unter den Wirtinnen Frau Emma, so ist unter den Wirten Franz Kostner, dessen Söhne und Enkel sein Werk fortsetzen, legendär geworden. Er ist Beispiel eines Mannes, der vielseitige Tüchtigkeit für den eigenen Betrieb und für die Gemeinschaft und als Hüter des ladinischen Erbes einzusetzen wußte.
Unweit von Corvara breitet sich **Colfuschg** aus, schon 1153 im Neustifter Urkundenbuch erwähnt, prachtvoll unter den Nordabstürzen der Sella gelegen.

Der frühere Bauernhof der Familie Pescosta wurde 1860 zum Gasthof Cappella in Colfuschg, heute Dependance des etwas unterhalb neu errichteten modernen Hotels gleichen Namens. Der Name Cappella stammt von einer Kapelle, die im Haus eingebaut war.

Gemälde mit Darstellungen kühner Taten des ladinischen Volkshelden Franz Wilhelm von Prack umsäumen das Gastzimmer des alten Gasthofes Cappella. Die Bilder wurden zwischen 1870 und 1880 von Prof. Roller gemalt und sollen bald im neuen Hotel Aufstellung finden.

In Colfuschg ist das Haus »Cappella« die traditionsreiche Gaststätte. Hier ersteht in Gemälden des Gästeraumes die Gestalt und Geschichte des großen Prackung, wie das ladinische Volk den im 16. Jahrhundert lebenden Franz Wilhelm von Prack zu Asch nannte. Prack ist der von Heldentum und Sage verklärte Nationalheros des Enneberg, der kühnste Mann und beste Schütze, den je das Tal sah. Er tötete den Drachen am Heiligkreuzkofel und erwarb den Drachenschatz. Als ihm seine Feinde 1560 an der

St. Lorenzen an der Pustertaler Straße, »Sebatum« der Römer, heute verkehrsreicher Punkt an der Pforte Ladiniens.

Brücke über die tiefe Travenanzesschlucht auflauerten, gab er seinem Roß die Sporen und setzte in kühnem Sprung über die grausige Schlucht. Aber am 7. Dezember 1582, als Prack von einer Verhandlung mit dem Zolleinnehmer in Corvara heimreiten wollte, lauerten ihm an der Punt da Bos, der Ochsenbrücke nahe der Straßengabelung Corvara-Colfuschg gedungene Wegelagerer unter der Führung der Colz auf und trotz tapferster Gegenwehr unterlag der große Prackung der Übermacht der Mörder. Sein Ende blieb ungesühnt, doch lebt er sagenumsponnen unter seinen Ladinern weiter.

In den historischen Gaststätten Tirols spiegelt sich viel von der Geschichte dieses so abwechslungsreichen und doch in seinem Wesen so einheitlichen Landes Tirol, von seiner in den einzelnen Talschaften so verschiedenen und dennoch in der Eigenart seiner Gastkultur in gleicher Weise bemühten Volkes. Als Land im Gebirge, wo die Unbilden der Natur und jähe Witterungsänderung den Menschen oft in Gefahr bringen, sind die Menschen stets aufeinander angewiesen. Diese Rücksichtnahme sowohl unter den Einwohnern selbst wie gegenüber den durchreisenden Fremden führte früh zur Ausbildung der Gastfreundschaft und Beherbergung. Mit der Entwicklung des Reisens und des Warenverkehrs, der Gestaltung der Saumwege zu Straßen kam es zur Errichtung von Hospizen und Herbergen und allmählich zur Entstehung der vielfach bis heute bestehenden historischen Gasthöfe eines gewerblichen Wirtsstandes. Nach den zweckbestimmten Reisen und Standortveränderungen von Fürsten und Soldaten und Kaufleuten und Pilgerfahrten kamen die Bildungsreisen und die Einrichtung des Postwesens. Es entstand der moderne Fremdenverkehr aus den Anfängen des Alpinismus und Tourismus. Damit nahm auch die Zahl der Gastwirtschaften, Hotels und anderen Einkehr- und Raststätten ungemein stark zu. In Tirol als einem Land der großen Durchgangsstraßen und heute auch als vielen Menschen erwünschte Erholungslandschaft gibt es zahlreiche Gaststätten und auch Gastwirtefamilien, die seit Jahrhunderten bestehen und selbst auf eine eigene Geschichte zurückblicken können. Dieser Bildband hat an den vier großen Längs- und Querstraßen Tirols, der Brennerstraße und dem Oberen Weg, der Arlberg-Inntal- und der Pustertaler Straße aus der großen Zahl historischer Gaststätten einige in ihrer besonderen Eigenart vorzustellen gesucht. Es sind nur Beispiele aus der überaus großen Zahl von traditions- und kunstreichen Gasthöfen im Durchgangs- und Einkehrland Tirol. Der Band will ermuntern, bei Aufenthalten und Reisen historische und neue Gaststätten zu entdecken, in denen Tiroler Gastlichkeit traditionstreu und zeitgemäß lebendig ist.

ORTS- und GASTHOFNAMEN

Ortsnamen

Gasthofnamen

INHALT

Alle in diesem Band enthaltenen Farb- und Schwarzweißaufnahmen stammen, ebenso wie die Gesamtgestaltung des Bandes, von Dr. Hermann Frass. Die Umschlagschrift wurde von Paul Caminades entworfen und die Kartenskizzen wurden von Heinz Matthias gezeichnet.

Weitere Bildbände von Hermann Frass

Die Alpen. Phantastische Bergwelt. 128 S., 76 Fotos und zeitgenössische Illustr., davon 36 farb., 23 x 30 cm. — Eine naturwissenschaftl. Übersicht und Erschließungsgeschichte der Alpen — mit Originalberichten von Bergsteigern und Reisenden.

Wunderwelt der Dolomiten. Mit einer geologischen Einf. von Prof. Dr. V. Welponer. 120 S., 55 Fotos, davon 47 farb., 2 farb. Kartenskizzen, 23 x 30 cm. — Ein Buch, das die überwältigende Formen- und Farbenpracht der Dolomitenberge einfängt.

Dolomiten, berühmte Bergwelt. Entdeckung und Eroberung. 128 S., 71 Fotos- und Dokumentarbilder, davon 35 farb., 23 × 30 cm. — „Gelungenes Fachbuch der Alpinerschließung Südtirols . . .“ (EKZ)

Südtirol-Dolomiten. Herzstück der Alpen. 126 S., 63 Farbtafeln, 18,5 x 25 cm. — „Einzigartige Farbfotos . . . die Texte sind nicht nur informationsreich und anschaulich, sondern auch sprachlich gut abgefaßt.“ (Bücherei-Nachrichten des österr. Borromäuswerkes)

Unbekanntes Südtirol. Das Land — abseits der großen Straßen. Text von F. H. Riedl. 120 S., 84 Fotos, davon 81 farb., 23 x 30 cm. — „Eine freundliche Führung abseits ausgetretener Pfade.“ (Der Bergsteiger)

Erlebnis Südtirol. Ursprung und Wesen eines Landes. Text von F. H. Riedl. 120 S., 66 Fotos, davon 53 farb., 23 x 30 cm. — „Eine Begegnung mit Südtirol, die nicht nur äußerst eindrucksvoll, sondern auch dauerhaft ist.“ (ORF, Studio Tirol)

Südtiroler Weinstraße. Bozen, Girlan, Eppan, Kaltern, Tramin, Kurtatsch, Margreid, Kurtinig, Salurn. Text von F. H. Riedl. 96 S., 66 Fotos, davon 46 farb., 1 farb. Übersichtskarte, 18,5 x 25 cm.

Italienische Ausgaben gib es von den Bänden:

DOLOMITEN - BERÜHMTE BERGWELT, WUNDERWEL DER DOLOMITEN, SÜDTIROL-DOLOMITEN, ERLEBNIS SÜDTIROL, SÜDTIROLER WEINSTRA

Der Titel DOLOMITEN — BERÜHMTE BERGWELT ist auch in einer englisch Übersetzung erschienen.

Die Städtebände von H. Fr

BOZEN — BEGEGNUNG M DER ALTSTADT und BEGI NUNG MIT MERAN sind vergriffen. Lieferbar sind davon noch die italienisch Ausgaben.

ATHESIAVERLAG

BAYERN
VORARLBERG
SCHWEIZ
NONSBERG
Reutte
Heiterwang
Außerfern
Lermoos
Fernpaß
Nassereith
Mötz
Pettnau
Scharnitzer Klause
Seefeld
INNSBRUCK
Hall
Lans
Imst
Ötz
Oberinntal
St. Christoph am Arlberg
St. Anton
Landeck
Umhausen
Schönberg
Matrei
Wipptal
Steinach
Ladis
Gries
Ötztal
Oberinntal
Pfunds
Hochfinstermünz
Timmelsjoch
Gossensaß
Sterzing
Reschenpaß
Reschen
Jaufenpaß
Penser Joch
Sandwirt
Kurzras
Unser Frau
Schnalstal
Passeiertal
Burgeis
Mals
Rabland
MERAN
Schlanders
Naturns
Vinschgau
Sarnthein
Etschtal
Sarntal
Lengstein
Lengmoos
Terlan
BOZEN
Girlan
Eppan
Kaltern
Überetsch
Unterland
Radein
Zimerhof
Auer
Tramin
Neumarkt
Salurn